열다섯
글로벌
경제학교

열다섯 글로벌 경제학교

대한민국 최상위 10대들을 위한 경제 교육 소설

권오상 지음

데이스타
Daystar

들어가는 말

이 책의 이야기를 하려면 8년 전으로 돌아가야 합니다. 당시 어른들의 세계에서 반복적으로 벌어지는 금융 사건에 제가 진저리를 치던 때입니다. 금융감독원에서 한국 금융 시장의 일부를 감독하는 책임을 가지고 있던 때라 더 그랬을 겁니다. 이게 해결되려면 일반인들이 어렸을 적부터 올바른 금융 지식을 가지는 게 중요하다고 생각했습니다. 그전에 분야는 다르지만 이미 청소년 대상의 책을 두 권 냈던 저는 청소년들의 교육에 늘 관심이 있었습니다.

안 그래도 어려운 금융을 어떻게 하면 우리 아이들에게 쉽게 알릴까 고민한 끝에 소설 형식을 빌려 쓴 책이 『민준이와 서연이의 금융경시대회』였습니다. 청소년 금융 소설이라는 희한한 장르를 열었던 겁니다. 처음에는 별 반응이 없었는데 학원가에서 여러 용도의 교재로 쓰기 시작하면서 책이 꽤 유명해졌습니다. 그에 힘입어 주인공

열다섯 글로벌 경제학교

들이 초등학교 5학년일 때를 배경으로 『열두 살 경제학교』와 『열두 살 창업학교』를 연달아 썼습니다. 이를테면 프리퀄을 두 편 쓴 거지요. 두 책 또한 너무나 큰 사랑을 받았습니다. 독자 서평 중에는 책의 충실한 내용을 보건대 애당초 아이들 동화를 빙자한 성인 대상 책 아니냐는 글도 있었습니다. 작가로서 참으로 감사한 일입니다.

여기서는 크게 두 가지 내용이 다루어집니다. 하나는 해외 유학이고 다른 하나는 『민준이와 서연이의 금융경시대회』에 나온 기초 금융보다 더 수준이 높은 심화 금융입니다. 특히 이 책을 통해 금융의 미묘한 부분까지 알게 된다면 대학에서 금융을 어설프게 배운 성인보다 오히려 더 깊은 통찰을 가지게 될 거라고 단언합니다.

이 책은 중학교 2학년 1학기를 마친 민준이와 서연이의 그다음 이야기가 펼쳐집니다. 그러니까 『민준이와 서연이의 금융경시대회』의 시퀄인 셈입니다. 서연이는 가족을 따라 미국으로 유학을 가게 되고 한국에 남은 민준이는 전 세계에서 활동하는 한국인 선배들로부터 고급 금융을 배우게 되지요. 두 주인공은 책의 말미에 다시 조우합니다. 어떤 일이 벌어질지 궁금하신가요? 그렇다면 이 책을 끝까지 읽어 보시길 바랍니다. 앞의 책들을 모두 읽고 나서 읽으면 물론 최선이겠지만 이 책만 먼저 따로 읽어도 아무런 지장은 없습니다.

마침 제 첫째 아들이 중학교 2학년입니다. 또한 아직은 초등학교 3학년인 제 둘째 아들도 몇 년 지나면 이 책을 읽을 날이 오겠지요.

들어가는 말

아들들에게 부끄럽지 않도록 그리고 아이들에게 도움이 되는 책이 되도록 정성을 다했습니다. 그럼에도 불구하고 언제나 그렇듯 어딘가에 있을 아쉽고 부족한 부분은 모두 저의 탓입니다.

2024년 3월

자택 서재에서

권오상

사랑하는 두 아들 이준, 서준과
아내 윤경에게

차례

1장

$

미국 금융의 숨은 중심지에서
학교를 다니기 시작하다

8월의 미국 날씨는 생각보다 선선했다. 온도가 섭씨 30도를 잘 넘지 않았고 또 습도도 30퍼센트대에 그쳤다. 한국의 무더위에 익숙한 서연이에게 이곳의 여름 날씨는 쾌적하게 느껴졌다. 서연이네가 이사 온 이곳이 바닷가인 덕분도 있었다.

날씨와 무관하게 오늘이 첫날인 서연이의 미국 학교생활은 만만치 않은 도전이었다. 한국에서 중학교 2학년 1학기까지 마치고 미국에 온 서연이는 여기서 8학년을 새로 시작해야 했다. 왜냐하면 미국의 모든 학교는 가을에 첫 학기가 시작하기 때문이었다. 즉 서연이는 피치 못하게 한 학기 분량의 공부 시간을 날리는 셈이었다.

한 학기를 다시 다니는 건 그래도 약과였다. 그보다 큰 문제는 말이었다. 서연이는 영어를 듣고 말하는 데에 큰 어려움이 없었다. 그럼에도 불구하고 선생님의 얘기 중 일부는 알아듣기 어려웠다. 특히 어려운 건 같은 반 친구들과의 사소한 대화였다. 쏘듯이 말하는 또래 미국 아이들의 말은 속도도 빠르거니와 무슨 뜻인지 알 수 없는 표현도 많았다. 서연이는 한국에 두고 온 친한 친구들이 불현듯 생각났다. 오늘 하루가 빨리 지나가기만을 서연이는 마음속으로 빌었다.

드디어 첫날의 수업을 끝낸 서연이는 학교를 바삐 나섰다. 엄마와 아빠가 학교 밖에서 기다리고 있을 터였다.

"서연아, 여기야, 여기!"

서연이 엄마가 서연이를 발견하고는 큰 소리로 서연이를 불렀다. 서연이 아빠도 서연이 엄마 옆에서 서연이를 향해 손을 흔들었다.

"엄마!"

서연이는 반가움에 왈칵 눈앞이 뿌예졌다. 이 정도는 아무것도 아니라고 생각했는데 막상 하루를 보내 보니 마음고생이 있었다. 딸의 목소리에 배인 울먹거림에 화들짝 놀란 서연이 엄마는 서연이 손을 잡으며 물었다.

"얘, 무슨 일이야? 무슨 일 있었어?"

"아니, 아무것도 아니야. 엄마 아빠 보니까 반가워서."

내색은 덜했지만 놀라기는 서연이 아빠도 서연이 엄마 못지않았다. 서연이 아빠는 온 가족이 갑자기 미국으로 이사 오게 된 데 대해 미안한 마음이 있었다. 안쓰러운 마음으로 서연이 아빠는 서연이에게 말을 건넸다.

"서연이 오늘 힘들었구나. 아빠 때문에 갑자기 미국 오게 돼서 그렇지?"

서연이는 머리를 가로저었다. 서연이 스스로도 이렇게 갑자기 울음이 터질 줄은 몰랐다. 서연이 아빠는 어설프게 서연이를 달래려 했다.

"저번에 맛있게 먹은 데 뭐였지, 프랭크 페페 피자였나? 거기로 저녁 먹으러 갈까?"

서연이 엄마가 혀를 차며 끼어들었다.

"지금 시간이 몇 신데 벌써 저녁을 먹어요? 일단 집에 가서 좀 쉬다가 조금 일찍 저녁 먹으러 가요. 내가 근처에 다와라는 한국 식당을 하나 찾아 놨어."

서연이네는 저녁 6시쯤 다와에서 돌솥비빔밥과 불고기, 그리고 해물파전 등의 한국 음식을 마주했다. 아까의 팽팽했던 긴장은 사라지고 아늑함이 그 빈자리를 채웠다. 서연이 아빠는 여전히 걱정이었다.

"서연아, 정말 오늘 아무 일도 없었던 거 맞아?"

마음이 풀린 서연이는 엄마 아빠한테 죄송한 마음이 들었다. 그래서 평소였다면 하지 않았을 이야기도 덧붙였다.

"정말 아무 일 없었어. 선생님과 아이들 모두 다 친절하게 대해

15

줬거든. 아참, 루크라는 애랑 얘기도 한참 했는걸. 걔가 한국에 관심이 엄청 많더라구."

서연이 입에서 남자아이 이름이 나오자 서연이 엄마는 귀를 쫑긋 세웠다.

"한국 애니? 아니면 여기 교포?"

"아니, 미국 백인 애야. 그런데 어디서 배웠는진 모르겠지만 한국어도 꽤 잘해. 신기했어."

서연이 엄마는 슬그머니 조바심이 났다. 엄마의 불안한 마음을 눈치 못 챈 서연이는 무심하게 물었다.

"나, 지금 우리 학교 앞으로 2년은 더 다니게 돼?"

서연이 엄마는 마침 잘 됐다는 듯 재빠르게 대답했다.

"아니야. 미국 중학교는 한국처럼 3년인데도 있지만 2년인데도 많아. 이번에 너는 8학년으로 들어갔으니까 1년만 더 다니면 중학교를 졸업하고 고등학교에 들어가게 돼."

"그럼 고등학교는 몇 년이야? 한국처럼 3년?"

"8학년 마치고 들어가는 고등학교는 4년이야."

서연이는 머리가 아팠다.

"뭔가 복잡하다, 엄마."

"좀 헷갈리지? 알고 보면 그렇게 어렵지 않아. 초등학교에 들어가서 고등학교를 졸업할 때까지 걸리는 시간은 12년으로 한국과 똑같

아. 초등학교를 5년 다니고 중학교 3년, 고등학교 4년 다니는 게 가장 일반적이고, 초등 6년, 중등 2년, 고등 4년 하거나 또는 한국과 똑같이 6년, 3년, 3년 하는 데도 있어."

"그렇구나."

서연이 엄마는 고등학교 얘기가 나오자 신이 났다.

"서연이 너, 너희 아빠가 여러 미국 대학에서 오라는 제안을 받았을 때 엄마가 왜 이곳을 강력하게 밀었는지 아니?"

"몰라."

서연이는 아무리 생각해 보아도 실마리를 찾을 수 없었다. 정확한 이유를 모르기는 서연이 아빠도 서연이랑 마찬가지였다. 서연이와 서연이 아빠는 서연이 엄마의 다음 말을 기다렸다.

"그건 말야, 여기에서 가까운 곳에 미국에서 손꼽히는 사립고등학교가 있기 때문이야."

서연이는 엄마의 열성이 부담스러웠다. 그래도 엄마를 실망시키고 싶지는 않았다. 서연이는 자기가 어딘지 물어봐 주기를 엄마가 기다리고 있다는 사실을 잘 알았다.

"어딘데?"

서연이 엄마는 뿌듯한 표정을 지었다. 서연이에게 도움이 될 좋은 교육 환경을 귀동냥하는 건 서연이 엄마가 많은 시간을 쏟아부어 온 일이었다.

"초트로즈메리홀이라는 데야. 여기서 북쪽으로 한 20킬로미터 가면 돼. 아주 가깝지."

서연이는 심드렁했다. 그동안 이런 쪽으로 별다른 관심이 없었던 탓이기도 했다.

"고등학교 이름이라면서 왜 홀로 끝나요? 하이스쿨로 끝나야 되는 거 아닌가?"

"얘, 홀은 건물을 가리키는 말이잖니. 미국의 좋은 사립학교들은 그런 식으로 부르기도 해. 원래는 1890년에 생긴 로즈메리홀이라는 여학교였는데 나중에 초트스쿨이라는 남학교와 합치면서 지금의 이름을 가지게 되었대."

"20킬로미터 떨어져 있으면 통학하기 너무 먼 거 아니야?"

서연이 엄마는 답답하다는 듯 말했다.

"통학을 왜 해? 여긴 기숙학교라서 기숙사에서 지내게 돼. 한 학년이 200명 조금 넘으니까 4년을 같이 지내고 나면 모두 친한 사이가 되고 말 걸."

서연이는 자기도 모르게 얼굴을 찌푸렸다. 기숙학교를 다닌다는 생각은 해 본 적이 없었다.

"기숙사? 난 엄마 아빠랑 같이 집에서 살면서 통학하고 싶은데."

"얘는 아기 같은 소리 하고 있어. 여기가 얼마나 좋은 학교인지 네가 몰라서 그래. 미국 전체 사립고등학교 중에서 좋은 걸로 세 손가락 안에 꼽히는 그런 곳이란 말이야. 초트로즈메리 졸업생 중에는 미국 대통령이었던 존 피츠제럴드 케네디도 있어.”

내내 모녀의 대화를 듣고만 있던 서연이 아빠가 불쑥 한마디 했다.

“알고 보면 도널드 트럼프의 딸 이방카도 있었지. 칭찬으로 한 말은 아니야.”

서연이 엄마는 서연이 아빠를 할긋 흘겨보았다. 아빠의 말은 못 들은 척하며 서연이는 엄마에게 물었다.

“또 다른 좋은 학교는 여기에 뭐가 있어요?”

서연이의 속마음은 기숙사립학교를 안 가더라도 집 근처에도 괜찮은 학교가 있지 않냐는 뜻이었다. 하지만 엄마의 핀잔이 두려운 나머지 너무 돌려서 묻고 말았다. 서연이 엄마는 서연이의 질문을 다르게 받아들였다.

“그래, 그런 걸 당연히 물어봐야지. 엄마가 알려 줄게. 초트로즈메리와 비교할 만한 곳으로는 두 곳이 더 있어. 하나는 필립스아카데미앤도버고 다른 하나는 필립스엑시터아카데미야.”

서연이는 엄마가 무엇을 대답했는지 알아차렸다. 반쯤 체념한 채로 서연이는 말했다.

“이름이 비슷한 거 같아서 헷갈려, 엄마.”

서연이 아빠가 서연이 엄마 대신 서연이에게 설명했다.

19

"그럴 만한 이유가 있어. 두 학교를 세운 사람의 성이 둘 다 필립스인데, 성만 같은 게 아니라 두 사람은 조카와 삼촌 사이였어. 조카가 세운 필립스아카데미 앤도버가 3년 먼저 생겼지."

서연이 엄마는 침을 튀기며 할 이야기가 아직 많이 남았다.

"그게 중요한 게 아니라 두 학교 모두 미국 전체에서 최고로 쳐주는 명문 학교라는 게 중요한 거야. 예를 들자면, 각각 걸프전과 아프가니스탄 전쟁을 치렀던 미국 대통령 조지 허버트 부시와 조지 워커 부시 알지? 그 둘은 서로 아빠와 아들 사이인데, 모두 앤도버 졸업생이야."

서연이는 살짝 비꼬는 마음으로 엄마에게 물었다.

"아까 나머지 한 학교 이름이 필립스아카데미 엑시터였나? 거긴 미국 대통령이 된 졸업생 없어요?"

"왜 없겠어? 그런데 학교 이름의 순서가 뒤바뀌었어. 정확한 이름은 필립스엑시터아카데미야. 필립스엑시터의 동문인 프랭클린 피어스가 미국의 열네 번째 대통령이기도 해. 피어스 다음다음 대통령이 에이브러햄 링컨이야. 또 페이스북을 세운 마크 저커버그가 필립스엑시터를 졸업했어."

서연이는 답답하다는 듯 숨을 길게 내쉬었다. 미국에서 제일 좋은 사립고등학교들이라고 하니 들어가게 되면 좋은 환경에서 공부할 수 있으리란 건 인정하지 않을 수 없었다. 서연이 엄마는 아까부터 하고 싶었던 이야기를 꺼내 놓았다.

"이런 학교들이 좋은 건 좋은 친구를 사귈 수 있다는 점도 있지만 무엇보다도 좋은 대학을 갈 가능성이 올라간다는 점이 커."

어찌 보면 당연한 이야기였다. 좋은 학교와 보통의 학교가 대학 진학률에서 비슷할 리는 없었다. 그래도 서연이는 실제로 얼마나 많이 가는지 궁금했다.

"초트로즈메리 같은 데 가면 좋은 대학에 얼마나 많이 합격해요?"

"엄마가 조사해 놓은 게 있어. 어디 보자, 아이비리그 대학에 진학한 학생 수가 평균적으로 매년 거의 50명이 돼. 앤도버나 필립스엑시터도 대략 비슷해. 앤도버는 2021년에 60명을 넘기기도 했어."

서연이는 머릿속으로 계산해 보고는 말을 꺼냈다.

"아까 초트로즈메리 한 학년이 200명 정도라고 했으니까 아이비리그 진학률이 20퍼센트가 넘네. 높은 거겠지요?"

"말도 안 되게 높은 거야. 앤도버와 필립스엑시터는 한 학년 학생 수가 초트로즈메리보다는 조금 많아서 한 280명 정도 돼. 그러니까 그 학교들도 초트로즈메리와 비슷한 비율로 대학에 보내는 거야. 게다가 세 학교 모두 매사추세츠기술원이나 스탠퍼드대학 같은 다른 명문 사립대학들을 통틀어서 아이비리그 대학에 보내는 수만큼 또 보내. 이제 왜 서연이 네가 초트로즈메리 같은 데를 갔으면 하고 엄마가 바라는지 이해하겠지?"

"기숙사립학교에 가고 싶다고 다 가게 되는 건 아니지 않아?"

서연이 아빠가 툭 한마디 던졌다. 그런 학교들의 합격률을 대략 아는 서연이 아빠는 나중에 서연이 기가 죽을까 봐 걱정이 되었다. 서연이 엄마는 서연이 아빠의 걱정을 잘 알았다.

"사실 쉽지 않아, 서연아. 초트로즈메리에 6명이 지원하면 1명 정도만이 입학 허가를 받거든. 그래도 초트로즈메리는 10명에 1명꼴로 입학 허가를 받는 앤도버에 비하면 입학 가능성이 높은 편이야. 엄마가 초트로즈메리를 원픽으로 꼽는 데는 다 이유가 있어."

서연이는 기왕 말이 나온 김에 빠짐없이 알아보고 싶어졌다.

"엄마, 기숙사립학교 말고 공립학교라고 해야 하나, 그런 데는 좋은 학교가 없어요?"

서연이 엄마는 그저 남들이 좋다고 이야기하는 것만 주워들은 게 아니었다. 서연이한테 도움이 될 거라면 그게 무엇이든 선입관 없이 알아보곤 했다. 서연이 엄마는 옅은 한숨을 내쉬며 대답했다.

"엄마가 그걸 알아보지 않은 게 아니란다. 네가 오늘 처음 등교한 중학교도 공립학교야. 그리고 공립고등학교 중에도 좋은 데가 당연히 있어. 없으면 오히려 이상한 거지. 가령, 버지니아에 있는 토마스제퍼슨과학기술고등학교나 뉴저지의 버겐카운티아카데미스, 그리고 뉴욕의 스타이비선트고등학교 같은 곳은 좋은 사립고등학교 이상으로 좋다고 알려져 있어. 일례로, 토마스제퍼슨 학생들은 2013년에 인공위성을 쏘아 올렸는데 이는 고등학생들이 쏘아 올린 미국 최초의 인공위성이었다는 거야. 또 미국의 각종 수학경시대회에서 토마스제퍼슨 팀은 필립스엑시터 팀과 늘 으뜸을 다투곤 한대.”

“우와. 멋있다! 내가 그런 데에 가면 안 되는 거야, 엄마?”

“엄마도 네가 거기 갈 수만 있으면 더 이상 바랄 게 없어. 예를 들어, 2021년에 아이비리그 대학으로부터 입학 허가를 받은 스타이비선트 졸업생이 몇 명이었는지 아니? 무려 133명이었어.”

“뭐야, 133명이면 앤도버보다도 두 배 이상 많은 거잖아. 그럼 기숙사립학교보다 더 잘하는 거네!”

서연이는 신이 절로 났다. 기숙사립학교에 가지 않아도 얼마든지 엄마 아빠를 기쁘게 해 줄 수 있다는 얘기였다. 서연이 엄마는 제동을 걸었다.

“그렇게 단순히 합격자 숫자만 비교하면 안 돼. 스타이비선트는 한 학년 학생 수가 800명이 넘어. 그러니까 합격률을 비교하면 여전히 앤도버가 더 높아. 뭐 물론 버겐카운티 같은 데는 한 학년 학생 수가 앤도버랑 비슷하긴 하지만.”

한동안 잠잠하던 서연이 아빠가 또 끼어들었다.

“비율만 비교하는 것도 완전한 방법은 아니야. 학생 수가 적은 학교가 많은 학교보다 성과를 내기가 더 유리하거든. 예를 들어, 학생이 5명인 학교는 1명만 운이 좋아 합격해도 합격률이 20퍼센트가 되지만 학생이 500명인 학교는 100명을 붙여야 같은 합격률을 만들 수 있어. 당연히 후자가 더 어렵겠지."

"엄마, 나 기숙사립학교 안 가고 좋은 공립고등학교 가면 안 돼?"

"그게 말이야, 엄마가 안 보내고 싶은 게 아니란다. 여기 코네티컷에는 그렇게 유명한 공립고등학교가 없기도 해. 하지만 그보다 더 중요한 이유가 있어. 너는 가고 싶어도 갈 수가 없어. 왜냐하면 미국의 공립고등학교는 미국 시민권자가 아니면 다닐 수가 없거든. 넌 한국에서 태어난 완전한 대한민국 국민이잖니."

서연이는 어리둥절했다.

"그럼 지금 학교는 어떻게 다녀?"

"아빠가 받은 비자로 1년까지는 네가 공립학교를 다닐 수 있어. 하지만 그 이상은 안 돼."

서연이는 할 말이 없었다. 그러다 괜스레 부아가 났다.

"그럼 도대체 여기 코네티컷이 좋은 게 뭐야?"

갑자기 서연이 아빠가 뭐라도 변명해야 할 처지가 되어버렸다. 서연이 아빠는 할 말이 없지 않았다.

"공립고등학교는 몰라도 여기에는 좋은 대학이 있어. 그리고 아빠가 자문을 해 주는 헤지펀드hedge fund도 근처에 많고. 알고 보면 여기가 미국 금융의 숨은 중심지라니까."

"헤지펀드는 또 뭐예요? 펀드는 금융경시대회 하면서 경험했는데, 펀드의 종류예요?"

"그렇지. 그렇게 얘기할 수 있어. 그런데 보통 펀드보다 훨씬 위험한 거야. 가진 돈만으로 거래를 하는 게 아니라 돈을 잔뜩 빌려서 큰 규모로 거래를 하는 게 이들의 특징이거든. 금융거래로 돈을 불리는 게 직업인 전문 투기꾼이라고 보면 될 것 같아."

서연이는 금융경시대회 때 민준이와 함께 펀드를 가상 실험했던 일이 떠올랐다. 이익을 볼 때도 있지만 손실도 심심치 않게 나곤 했다. 그런데 헤지펀드는 돈을 크게 빌려 거래를 한다니 손실이 나면 눈이 핑핑 돌아갈 정도로 크게 날 것 같았다. 서연이는 저절로 몸서리가 쳐졌다.

"근데 아빠, 뉴욕 같은 대도시가 미국 금융의 중심지 아니에요? 여긴 아름답긴 하지만 금융이 발달한 곳은 아닐 것 같아."

"그렇게 말하는 것도 무리는 아니지. 그렇지만 실제로 코네티컷은 미국에서 제일 큰 헤지펀드들이 모여 있는 주야. 우선 우리가 사는 뉴헤이븐에서 해안을 따라 남서쪽으로 한 50킬로미터 내려가면 나오는 웨스트포트라는 도시에 브리지워터라는 미국에서 제일 큰 헤지펀드가 있어. 또 바로 옆 동네인 스탬퍼드나 그리니치에도 포인트 72나 에이큐알캐피털 같은 유명 헤지펀드가 자리 잡고 있지. 그리니치는 역사상 가장 유명한 헤지펀드라고 할 수 있는 롱텀캐피털매니지먼트라는 헤지펀드가 있던 도시기도 해. 1998년에 갑자기 파산하면서 전 세계적인 금융위기를 몰고 온 주범이 바로 롱텀이야."

서연이는 속으로 '오, 이런.' 하고 생각했다.

2
장

한국에서만 공부한 실력으로
세계와 경쟁할 수 있을까?

　　민준이는 요즈음 친구들과 농구하는 재미에 푹 빠졌다. 예전과는 다르게 몸을 부딪치는 운동의 재미를 느꼈기 때문이었다. 고만고만하던 키가 사춘기가 찾아오면서 쑥 커 버린 덕이 컸다. 학교가 끝나면 민준이는 프로그래밍 아니면 농구를 하면서 시간을 보냈다.

　　추석이 멀지 않은 9월 어느 날, 학교 수업이 끝나고 민준이는 느긋하게 가방을 쌌다. 오늘은 학원이 조금 늦은 시간이라 학교에서 친구들과 농구를 하다가 가면 딱 맞았다. 갑자기 담임 선생님이 민준이를 불렀다.

　　"송민준, 너 집에 가기 전에 교무실에 잠깐 들러라. 손병석 선생님이 너에게 전할 얘기가 있다더라."

　　"네? 아, 네."

손병석 선생님을 뵌 지도 사실 오래되었다. 1학기 때 열렸던 금융 경시대회가 끝난 이후로는 마주칠 일이 없었다.

교무실 문을 열고 들어간 민준이는 손병석 선생님 자리로 다가갔다. 손병석 선생님은 의자에 깊숙이 앉아 눈을 감고 있었다. 선생님이 잠이 든 건지 아닌지 민준이는 확신이 서지 않았다. 쭈뼛대며 난감해하는데 예의 자장가 같은 손병석 선생님의 목소리가 들려왔다.

"민준이, 왔냐?"

민준이는 깜짝 놀라며 대답했다.

"네, 선생님. 안녕하셨어요?"

"지난 학기에는 한서연하고 같이 왔는데, 이번 학기에는 혼자 왔구나. 서연이 전학 간 건 알고 있다."

손병석 선생님의 목소리에 밴 아쉬움을 느낀 민준이는 아무런 대꾸도 하지 않았다. 손병석 선생님은 곧바로 본론으로 들어갔다.

"오늘 내가 널 보자고 한 것은 국제금융올림피아드에 우리나라를 대표해서 나갈 생각이 있는지 확인하기 위해서다. 오전에 연락이 왔는데, 정병기 선생이 자기는 관련된 일을 맡고 싶지 않다고 해서 내가 대신 맡게 되었다."

민준이는 당황했다. 올림피아드는 뭐며 또 한국을 대표하는 건 무슨 소린지 도무지 가늠이 되질 않았다. 민준이는 더듬더듬 대답했다.

"어, 으음, 그게 뭔가요?"

"국제금융올림피아드는 처음 들어보냐?"

"네."

손병석 선생님은 아무렇지 않다는 듯 되물었다.

"올림픽은 들어봤겠지?"

"그건 알죠. 세계 각국이 대표팀을 보내 운동 실력을 겨루는 행사 잖아요."

"맞다. 그러면 이게 언제 시작됐는지는 아냐?"

민준이는 자신 없는 목소리로 대답했다.

"정확히는 모르겠지만, 옛날에 그리스에서 하던 걸 본떠 만들었 다고 들었던 것 같아요."

"그렇다. 기원전 776년에 그리스에서 시작된 올림픽은 그리스 신 화의 주신 제우스에게 바치는 종교 예식 같은 거였다. 그러면 왜 올 림픽이라는 이름이 붙게 되었는지도 아냐?"

그건 민준이가 알지 못하는 내용이었다. 쩔쩔매던 민준이는 손병 석 선생님이 얘기한 제우스가 힌트일지도 모른다고 생각했다.

"혹시 제우스를 비롯한 그리스 신들이 산다는 산 올림포스에서 나온 말일까요?"

"훌륭한 추측이었다. 하지만 옳은 답은 아니다. 올림픽이라는 말 은 그 예식이 치러진 곳의 지명이 올림피아였기 때문이다. 올림피아

31

와 올림포스는 비슷한 이름이지만 전혀 동떨어진 곳에 있다. 올림피아는 스파르타와 코린토스가 위치한 그리스 남부의 펠로폰네소스반도에 있는 지역인 반면, 올림포스는 그리스 북부의 테살리아에 위치한 산이기 때문이다."

"그렇군요."

민준이는 이야기가 산으로 가고 있다고 느꼈다. 손병석 선생님의 이야기는 민준이가 느꼈던 것보다 더 산으로 흘러갔다.

"말이 나온 김에, 네 생각에 올림포스산과 백두산 중에 어느 쪽이 더 높을 것 같냐?"

민준이는 뜬금없는 손병석 선생님의 질문에 외려 흥미를 느꼈다.

"글쎄요, 백두산 아닐까요?"

"백두산 높이가 얼마인지는 아느냐?"

그걸 민준이가 알 리 없었다. 민준이는 머쓱한 표정으로 대답했다.

"잘 모르겠어요."

"공식 기록으로 2,744미터다. 한국인이라면 우리 민족의 영이 깃든 산이자 발원지인 백두산의 해발 고도쯤은 알고 있을 필요가 있다."

민준이는 입을 실룩거렸다. 손병석 선생님이 이내 다시 물었다.

"네 생각에는 올림포스산이 백두산보다는 낮을 것 같으냐?"

잠시 머뭇대던 민준이는 힘없는 목소리로 대답했다.

"네, 왠지 그럴 것 같아요."

손병석 선생님은 대수롭지 않다는 듯 말했다.

"보통의 우리나라 사람이라면 아마도 대부분 너처럼 대답할 거다. 정확한 높이는 몰라도 백두산이 한반도와 만주 일대에서 제일 높은 산이라는 건 어디선가 들어봤기 마련이니 말이다. 그런 데다가 올림포스산 그러면 왠지 장난스럽게 느껴지는 면이 있다. 늘 사고를 치는 그리스 신들이 산다는 곳이라서다. 그리스라는 나라가 역사는 길지 몰라도 그렇게 큰 나라로 느껴지지 않는 탓도 있다."

민준이는 아무런 반응 없이 그냥 듣고 있었다. 손병석 선생님의 다음 말이 곧바로 따라 나왔다.

"그렇지만 올림포스산의 높이는 2,918미터다. 말하자면 백두산보다 높다. 그리스 사람들이 올림포스산에 신들이 산다고 믿었던 이유는 바로 그 산이 그리스에서 제일 높은 산이기 때문이다. 제일 멋있으면서 험한 산이었던 거다."

민준이는 적지 않게 놀랐다. 손병석 선생님에게 들은 올림포스산의 높이는 완전히 예상 밖이었다.

"생각보다 높네요. 올림포스산이 그렇게 높은 줄은 몰랐어요."

"그렇다. 그런데 그 사실을 아는 게 그렇게 중요하지는 않다. 내가 너에게 물은 이유는 다른 데에 있다."

손병석 선생님의 이야기는 수수께끼처럼 들렸다. 민준이는 머리를 열심히 쥐어짰지만 부처님 손바닥 안의 손오공 신세였다.

"왜 물어보신 건데요?"

"세상에는 많은 우물 안 개구리들이 있지. 한국에서 남들보다 조금 낫다 싶으면 기고만장하여 우쭐대는 이들 말이다. 우물 밖 세상은 넓고 크다. 작은 거에 자만하지 않으려면 다른 나라 사람들의 일도 알아야 한다. 전 세계로 눈을 돌려야 한다는 뜻이다."

민준이는 손병석 선생님의 얘기가 가슴에 와닿았다. 자신이 공감한다는 걸 선생님에게 보이고 싶은 나머지 평소보다 조금 오버했다.

"와, 그러니까 우리 백두산이 올림포스산에는 상대가 안 되는 거군요!"

손병석 선생님은 안경테를 콧등 위로 치켜올렸다. 어쨌든 민준이는 아직 중학교 2학년 학생일 뿐이었다.

"그게 내가 너에게 기대한 반응은 아니었다. 다른 나라에도 백두산 못지않은 산이 있구나, 이런 반응을 기대했지. 백두산이 우리한테 중요한 산인 만큼 올림포스산은 그리스 사람들한테 중요한 산이라는 거다. 지구상에서 에베레스트산이 제일 높다고 해서 백두산이 에베레스트보다 하찮다고 이야기할 수는 없다. 산의 높이는 그저 한 가지 기준일 뿐이다. 네 위치가 넓은 세상에서 어디쯤인지 알 필요가 있지만 그걸로 허황된 우월감을 느끼거나 혹은 공연한 자기 비하를 해서는 곤란하다."

민준이는 알쏭달쏭한 손병석 선생님의 얘기에 머리가 아파져 오기 시작했다. 손병석 선생님은 아랑곳하지 않고 얘기를 계속해 나갔다.

"올림픽은 여러 국가로 나뉘어져 있던 그리스 세계에서 중요한 종교적 의의가 있었다. 서로 간에 싸우기도 하지만 같은 신을 섬긴다는 공통점을 자연스레 인식하는 자리기도 했던 거다. 올림픽은 기원전 100년경 로마가 그리스를 정복하면서 중요성이 떨어졌다. 로마 황제였던 네로 같은 이는 올림픽의 전투 마차, 즉 병거 경기에 직접 참가해 우승자로 선포되었다. 실제로는 경기 도중 마차에서 튕겨 나간 탈락자였지만 말이다. 또 스스로 노래를 잘한다고 생각했던 네로는 올림픽 종목에 노래 부르기를 포함시켰다. 네로는 노래 경연에서도 우승을 차지했다. 그 뒤로 흐지부지 운영되던 고대 올림픽은 4세기 후반에 완전히 중단되고 말았다."

네로와 올림픽이 서로 관련되리라고는 꿈에도 생각지 못할 일이었다. 불현듯 민준이는 예전에 어디선가 들었던 한 가지 사실이 생각났다.

"맞아요, 올림픽 기간에는 그리스 국가들 간에 전쟁도 중지했다고 들었어요. 그래서 올림픽이 평화의 상징이 되었다고요."

"오늘날 올림픽이 평화의 상징처럼 이야기되는 건 사실이다. 1896년에 올림픽을 새로 여는 데에 큰 역할을 한 피에르 쿠베르탱이 올림픽을 두고 '스포츠를 통한 인간의 완성, 국제 평화의 증진'이라고 말한 덕택이 크다. 하지만 여기엔 신화가 있다. 올림픽 자체가 신격화, 우상화의 대상이 되었다는 뜻이다. 사실을 말하자면 올림픽 기간이라고 해서 그리스 국가들끼리 전쟁을 멈춘 적은 없었다. 단지 예식에 참가하려는 선수와 순례자의 이동을 막지 않았을 뿐이지. 불경하게도 그런 일을 저질렀다가는 제우스의 번개를 맞을까 두려웠기 때문이다."

민준이는 자기도 모르게 머리를 긁었다. 손병석 선생님의 이야기는 민준이가 알고 있는 뻔한 상식을 늘 넘어섰다. 자기가 왜 올림픽의 유래 이야기를 듣게 되었는지를 기억해 낸 민준이는 손병석 선생님에게 물었다.

"그러면 올림피아드라는 말은 올림픽과 비슷한 대회를 뜻하는 말인가요?"

"보통 그렇게 많이들 알고 있다만 그 또한 불완전한 이해다. 올림피아드는 고대 그리스 때부터 있던 말로, 올림픽이 열리는 4년 주기를 가리켰지. 즉 올림피아드는 경기 자체가 아니라 4년이라는 시간을 가리키는 말이었다. 어쨌거나 국제금융올림피아드는 마치 올림픽처럼 전 세계 학생들이 모여 금융 실력을 겨루는 행사라고 보면 된다."

민준이는 손병석 선생님이 자기를 부른 이유를 어렴풋이 짐작하기 시작했다. 손병석 선생님은 설명을 이어 갔다.

"국제금융올림피아드는 작년까지만 해도 없던 행사다. 이번에 처음으로 생겼다. 미국의 유명한 헤지펀드 매니저가 비용을 모두 부담하면서 대회를 만들었다고 들었다. 국제금융올림피아드와 비슷한 대회로 국제수학올림피아드가 있는데, 우리나라가 근래 들어 계속 좋은 성적을 거두고 있다. 국제수학올림피아드에서 요새 한국의 성적은 이런 쪽의 최강국이라고 할 수 있는 중국, 미국, 러시아에 거의 필적하지. 그러니 국제금융올림피아드에서도 우리 학생들이 잘할 수 있지 않을까 기대하면서 교육청에서도 참가를 결정한 모양이다."

솔직한 심정으로 민준이는 이런 얘기 자체가 부담스러웠다. 자기가 한국을 대표해 어딘가에 나간다는 걸 꿈꿔 본 적이 없었기 때문이었다.

"근데 그런 대회에 제가 우리나라를 대표해 나간다니, 좀처럼 상상이 안 돼서요. 제가 자격이 있을까요?"

"자격이라고 했냐? 네가 예성중학교 학생이라는 건 틀림없는 사실인데 뭐가 걱정이냐? 행사 소개하는 자료에서도 한국의 중학생이면 참가 가능하다고 돼 있다."

"제 말은… 나름 이게 국가대표인데 제가 그럴 만한 감인지 자신이 없어서요."

손병석 선생님의 눈길은 그윽하게 변했다. 세상을 오래 산 사람만이 띌 수 있는 그런 눈초리였다.

"최근에 내가 들은 말 중에 어이없는 걸로 세 손가락 안에 드는 말이구나. 네가 지난 1학기에 있었던 전국금융경시대회에서 서연이와 한 팀을 이루어 3등을 했던 걸 잊었단 말이냐?"

민준이는 손병석 선생님의 얘기가 새삼스럽게 들렸다. 전국금융경시대회에서 3등 상을 탔던 게 언제였나 싶기도 했다.

"그렇긴 하지만, 저희가 3등을 한 건 나 서연이 덕분이라고 모든 사람들이 말하는걸요. 제가 생각해 봐도 서연이가 없었다면 저희가 상을 탔을 리는 없을 것 같고요."

손병석 선생님의 눈길은 더욱 깊어졌다.

"서연이도 그런 생각일 것 같으냐? 서연이가 네가 아닌 다른 아이와 팀을 이루었어도 과연 예성중이 그만한 성적을 거둘 수 있었겠느냐?"

지난 학기의 일들이 주마등처럼 민준이에게 스쳐 지나갔다. 생각하지 않으려고 무의식적으로 억눌렀던 기억이었다. 민준이와 서연이는 서로 잘 맞는 팀이었다. 바로 전에 한 얘기는 상처받기 싫어서 다른 사람들을 핑계 댄 것에 불과했다. 민준이는 눈을 질끈 감았다. 손병석 선생님의 목소리가 들려왔다.

"국제금융올림피아드는 올 12월 성탄절 직전에 열릴 예정이다. 나라마다 최대 여섯 명까지 참여가 가능하고 우리나라도 여섯 명을 내보내기로 정한 모양이다. 지난 학기의 전국금융경시대회에서 높은 성적을 거둔 순서대로 출전권을 주기로 규칙을 정했단다. 그러니까 팀으로 3등을 한 너와 서연이는 참가가 가능하다. 참가가 결정된 학생들에게는 정규 중학교 수업과 별개로 추가 공부를 시킨다는 계획을 전해 들었다. 단, 참가는 본인의 자유다. 국제금융올림피아드 참가가 자기 경력에 별로 도움이 되지 않는다고 판단하면 안 해도 무방하다. 불참 결정으로 받는 불이익은 전혀 없다. 어떻게 하겠느냐?"

민준이는 아까보다는 마음이 열렸다. 하지만 여전히 다른 걱정이 있었다.

"선생님, 한국에서만 공부한 제가 과연 나가서 잘할 수 있을까요? 국제금융올림피아드면 아무래도 해외 경험이 있는 학생들이 잘하지 않을까 싶어서요. 저는 외국에 여행 가 본 적도 없는 찐 한국 토박이거든요. 강대국인 미국이나 여러 방면으로 수준이 높은 유럽의 학생들에 비해 제 실력이 너무 떨어지면 나라 망신시키게 되잖아요."

"우리가 이른바 선진국에 비해서 여러모로 열등하다고 믿는 사람들이 있다. 나이 든 사람들일수록 그런 경향이 있지. 가령, 예전에 미국은 정말 초강대국이었다. 운동으로 예를 들어 볼까? 너는 어떤 운동을 좋아하냐?"

민준이는 손병석 선생님의 계속되는 화제 전환에 정신을 차릴 수 없었다. 다행히도 이번 질문은 대답하기 어려운 질문이 아니었다.

"농구를 좋아해요."

"그렇구나. 마침 미국은 농구의 종주국이다. 농구의 창안자인 제임스 네이스미스의 지도 아래 1891년 세계 최초의 농구 경기가 벌어진 곳이 바로 미국의 매사추세츠였지. 사실 네이스미스는 원래 캐나다 사람이었지만 63살 때인 1925년에 미국 국적을 취득했다."

"네. 미국이 농구 잘하죠. 세계 최고 수준의 프로농구 리그인 엔비에이^{NBA}도 미국에 있고요."

민준이가 순수하게 즐거워한다는 사실을 느끼며 손병석 선생님은 말을 이어 나갔다.

"맞다. 올림픽에서도 미국의 농구 성적은 압도적이었다. 남자 농구가 처음으로 올림픽 종목이 된 1936년 베를린 대회부터 1984년 로스앤젤레스 대회까지 미국은 소련에 불의의 일격을 맞은 1972년 뮌헨 대회만 빼면 매번 손쉽게 금메달을 땄다. 그러다 1988년 서울 대회에서 처음으로 동메달에 그치고 말았다. 왜 그랬을 것 같으냐?"

"잘 모르겠어요."

"그럴 만한 이유가 있었다. 그동안 다른 나라들은 엔비에이를 포함해 성인 프로농구선수들로 대표팀을 구성했는데 미국은 대학생으로만 대표팀을 꾸려 왔던 거다. 대학 선발팀으로 충분하다고 생각할 만큼 다른 나라와 수준 차가 있었던 거지. 서울 올림픽 당시 나중에 휴스턴 로키츠의 기둥이 되는 미국해군사관학교생 데이비드 로빈슨이 분전했지만 역부족이었다."

민준이는 손병석 선생님의 농구 얘기에 빠져들었다.

"그래서 미국은 1992년 바르셀로나 올림픽 때 작정하고 대표팀을 짰다. 엔비에이의 최고 선수들로 일명 드림팀을 만든 거다. 12명의 선수 중 듀크대학의 크리스천 레이트너를 제외한 11명이 엔비에이에서 잘하는 걸로 1등부터 11등까지 뽑았다고 해도 과언이 아니었다. 마이클 조던, 매직 존슨, 래리 버드, 찰스 바클리, 패트릭 유잉, 칼 말론 등이 한 팀에서 뛰는 진기한 광경을 농구 팬들은 보게 된 거지. 전력을 다하지 않고도 미국은 매 경기 40점 이상 점수 차를 내며 전승으로 금메달을 땄다."

"와아."

"그런데 말이다, 요즘은 어떨까? 미국이 여전히 금메달을 따고 있기는 하다. 2004년 아테네 대회에서 동메달에 그친 걸 빼면 말이다. 그렇지만 옛날 같지는 않다. 일례로, 2023년 올 엔비에이 퍼스트 팀에 뽑힌 다섯 명 중 네 명이 미국인으로 태어나지 않았다. 야니스 아데토쿤보는 나이지리아 혈통의 그리스 국민이고, 조엘 엠비드는 카메룬 태생이거든. 또 농구가 더 이상 흑인의 전유물만도 아니다. 올 엔비에이 퍼스트팀에 뽑힌 루카 돈치치는 슬로베니아 사람이고, 2021년과 2022년에 2년 연속 엠브이피^{MVP}로 꼽힌 니콜라 요키치는 세르비아 사람이지 않냐?"

민준이는 고개를 끄덕였다. 민준이가 제일 좋아하는 농구 선수인

41

스테픈 커리는 미국인이었지만 미국프로농구가 더 이상 미국인들만의 잔치가 아닌 건 민준이도 잘 알았다. 손병석 선생님은 한마디를 덧붙였다.

"쿠베르탱이 이런 말을 했다, 올림픽 경기에서 가장 중요한 일은 승리하는 게 아니라 참가하는 거고, 삶에서 핵심적인 일은 정복하는 게 아니라 잘 싸우는 거라고."

민준이는 손병석 선생님의 숨은 메시지를 읽었다. 가서 직접 부딪혀 보기 전에는 알 수 없다는 거였다. 마침내 민준이는 결심이 섰다.

"선생님, 저 나갈래요. 이번에 안 나가면 앞으로 4년 뒤인 고등학교 3학년 때나 기회가 있을 거잖아요. 저도 이번 기회에 한번 세계 각국의 학생들과 겨루어 보고 싶어졌어요."

"잘 생각했다. 그런데 4년 뒤에나 기회가 있다는 건 틀린 말이다. 국제금융올림피아드는 국제수학올림피아드와 마찬가지로 4년에 한 번이 아니라 매년 열린다. 올림피아드라는 말을 잘못 쓰고 있다는 증거다."

민준이는 '정말이지 끝날 때까지는 끝난 게 아니구나.' 하고 생각했다.

$

아무 돈이나 우리나라에서
쓸 수 있으면 더 좋지 않아?

　민준이가 국제금융올림피아드에 참가하기로 마음을
먹은 뒤 약 열흘의 시간이 흘렀다. 토요일인 오늘은 국제금융
올림피아드 참가자 전원이 처음으로 모이는 날이었다. 민준이는 아
침 9시 30분까지 모임 장소인 대학교에 늦지 않게 도착하려고 서둘
러 집을 나섰다. 민준이 엄마가 차로 데려다주려고 했지만 혼자 지하
철을 타고 가면 된다고 끝까지 우기는 민준이를 이기지 못했다.

　대학 강의실에 들어간 민준이는 주변을 둘러봤다. 네 명의 남자아
이가 눈에 띄었다. 민준이는 강의실 뒤쪽의 자리에 앉았다. 두 명씩
짝지어 앉은 아이들은 아마도 같은 중학교 학생일 듯싶었다.

　갑자기 강의실 앞쪽 문이 열리며 한 사람이 들어왔다. 나이가 꽤
들어 보이는 남자 어른이었다. 아이들은 자세를 고쳐 앉았다. 칠판 앞
으로 나온 사람은 아이들을 향해 말문을 열었다.

"얘들아, 처음 인사를 나누게 되어 무척 반갑다. 나는 교육청에서 나온 주영무 장학사다. 너희들이 국제금융올림피아드를 준비하는 데 도움이 될 교육 과정과 대회 참가의 행정 업무를 책임지고 있다. 그러고 보니 아직 한 명이 도착하지 못한 모양이구나. 9시 반까지 시간이 조금 남아 있으니 기다려 보자. 가만, 이럴 게 아니라 전화를 해 봐야겠네."

주영무 장학사가 전화를 걸러 강의실을 나간 사이 앞쪽에 앉아 있던 한 아이가 다른 아이들을 둘러보며 적막을 깼다.

"우리, 서로 자기소개라도 할까? 난 명구중 2학년 최우진이라고 해. 내 옆의 얘는…"

최우진 옆자리에 있던 아이가 기분 상한 표정을 지으며 급하게 손을 휘저었다.

"야, 최우진, 너무 나대지 마라. 내 소개를 왜 네가 하는데?"

최우진은 어깨를 으쓱했다. 마치 옆의 아이가 그럴 줄 알고 있었다는 듯한 제스처였다. 옆의 아이는 서둘러 자기소개를 했다.

"나는 김윤재라고 한다. 재수 없는 최우진하고 하필이면 같은 학교를 다니고 있어."

중간쯤 앉아 있던 한 아이가 눈을 찡긋하며 민준이에게 말을 걸었다.

"쟤네 둘, 사이 안 좋은 걸로 유명해. 명구중에서 공부로 1, 2등을 다투거든. 지난 1학기 기말고사에서 최우진이 김윤재를 이겨서 으스대는 거야."

민준이는 뭐라고 대꾸해야 할지 난감했다. 민준이가 보기에도 최우진과 김윤재의 사이는 나빠 보였다. 서로 으르렁대던 최우진과 김윤재는 어느새 동시에 민준이를 빤히 보기 시작했다. 다음 순서는 너라고 하는 듯했다. 눈을 찡긋했던 아이는 민준이에게 계속 말을 붙였다.

"너, 예성중 다니지? 이름이 뭐니?"

민준이는 깜짝 놀라며 대답했다.

"내 이름은 송민준이야. 내가 예성중 다니는 건 어떻게 알았어?"

눈을 찡긋했던 아이는 질문이 시시하다는 표정으로 대답했다.

"그쯤이야 아무것도 아니지. 너희가 전국금융경시대회에서 3등 했었잖아. 명구중이 1등이었고."

민준이가 다른 아이들을 둘러보니 모두 같은 표정이었다. 그 정도는 아는 게 당연하지 않냐고 말하는 것 같았다. 눈을 찡긋했던 아이는 이제 순서가 됐다는 듯 자기소개를 했다.

"난 이선호라고 해. 정암중 2학년이야."

"나는 박태윤. 이선호와 같은 중학교에 다녀."

이선호 옆에 앉아 있던 아이까지 덩달아 자기소개를 마쳤다. 민준이는 이선호와 박태윤에게 물었다.

"너희가 그러면 전국금융경시대회에서 2등을 했었어?"

박태윤은 큰일 날 소리를 들었다는 듯 과장된 몸짓을 취하며 대답했다.

"그랬으면 좋았겠지만, 우린 6등에 그쳤어. 우리보다 성적이 좋았던 애들이 참가를 포기했기 때문에 운 좋게도 여기 이 자리에 올 수 있었지."

민준이는 자기만 빼면 모든 아이들이 전국금융경시대회의 순위와 학교를 좍 꿰고 있는 게 신기했다. 그런 걸 어떻게 다 기억하고 있을까 싶었다. 너울가지가 좋은 이선호가 모두를 향해 말을 걸었다.

"너희들, 2등이었던 대율중에서 왜 한 명도 여기에 안 왔는지 모르지?"

아이들은 서로 얼굴을 쳐다봤다. 이선호의 추측대로 아는 아이는 아무도 없었다. 최우진은 궁금했지만, 공개적으로 모른다는 사실을 인정하고 싶지 않았다. 자기는 모든 걸 아는 게 당연하다고 여기는 듯했다. 최우진만큼의 왕자병은 아닌 김윤재가 이선호에게 물었다.

"왜 안 왔는데?"

대답을 하기 전 이선호의 눈빛이 반짝였다. 흥미로운 이야기를 함께 나눈다는 자부심을 느끼는 듯했다.

"대율중에도 너와 최우진처럼 서로 1, 2등을 다투는 두 명이 있대. 서로 라이벌 의식이 아주 대단하다고 소문이 났어. 그런데 그중 한 명이 먼저 국제금융올림피아드 참가를 포기한 거야. 그 집 엄마가 알아보니 대회에 나가 상을 타더라도 입시에 아무런 영향이 없다고 어디서 들었나 봐. 그랬더니 원래는 대회에 나갈 생각이 있던 다른 한 명이 다음 날 자기도 포기하겠다고 했대. 국제금융올림피아드 준비하는 시간만큼 학원 선행이랑 학교 시험공부 할 시간이 개보다 모자랄까 봐 걱정이 돼서 그랬다는 거야. 그래서 결국 둘 다 그만둔 거지."

아는 척을 하지 않으면 큰일이 나는 줄 아는 최우진이 나섰다.

"현재만 놓고 보면 그렇게 보이겠지만 그건 알 수 없는 거야. 우리가 대학 가기 전에 얼마든지 제도가 바뀔 수 있는 거거든. 그리고 한국에서는 참고하지 않더라도 외국 대학에서는 국제금융올림피아드 같은 데서 받은 상을 좋게 봐 줄 거란 말이지. 그래서 그런 나라들이 선진국인 거야. 한국은 아직 한참 멀었고. 능력이 뛰어난 존재가 더 좋은 기회와 혜택을 누리는 건 당연하면서 공정한 일이잖아, 안 그래? 세상은 원래 잘난 사람이 못난 사람을 지배하면서 사는 거라구."

아이들은 최우진의 말에 특별한 반응을 보이지 않았다. 약육강식을 지고지순한 원리로 드높이는 이는 늘 있기 마련이었다. 하지만 다른 사람이 그게 전부일 리는 없다고 느껴도 드러내 놓고 반박하기는 왠지 께름칙했다. 그랬다가는 스스로 무능력자임을 인정하는 모양새가 될까 싶었다. 민준이는 초등학교 때 같은 반이었던 나우주가 떠올랐다.

어색한 고요를 깬 건 박태윤이었다. 소심한 인상의 박태윤은 엄청 난 비밀을 누설하는 것처럼 주위를 살피며 말을 했다.

"너희들, 그 소문 들었어? 이번 국제금융올림피아드 한국 대표에 원래 성적이 안 되는 여자애가 하나 끼었대."

사람들 일에 유독 관심이 많은 이선호가 곧바로 맞장구쳤다.

"오, 너도 그거 들었구나? 나도 들은 적 있어. 전국금융경시대회 에서 17등밖에 못한 은명여중에서 한 명이 됐다는 거야. 뭔가 구린 냄새가 나지? 국가대표가 모두 남자면 불공평하다고 또 어디선가 개 입해서 우긴 모양이지. 지겹다, 좀."

민준이는 아이들의 이야기가 남 얘기처럼 들리지 않았다. 민준이 가 알기론 그 자리는 원래 서연이가 올 자리였다. 민준이는 굳이 나 섰다.

"그게 원래 나랑 같이 대회에 나왔던 한서연이라는 우리 학교 여 자애가 올 자리였어. 그 애가 갑자기 미국으로 가게 되면서 못 나가 게 됐으니, 여학생으로 대신 자리를 채운 거 아닐까?"

박태윤은 어처구니가 없다는 듯 쏘아붙였다.

"17등 위로 학교가 몇 갠데 그런 말을 해? 걔보다 성적이 좋았던 남자애가 한둘이 아닐 텐데, 여자애들한테 특별 대우를 해 주느라고 남자애들이 피해를 보는 거잖아."

민준이는 할 말이 없었다. 때마침 밖에 나갔던 주영무 장학사가 강의실로 돌아왔다.

"너희들이랑 같이 세계 대회에 나갈 한 학생이 오다가 자동차 접촉 사고가 났다고 한다. 다행히 다치진 않았지만 사고 보험 처리에 시간이 걸려서 제시간에 오기는 어려운 모양이구나. 조금만 더 기다렸다가 그 학생이 오는 대로 오늘 첫 시간을 시작하도록 하자. 교육을 진행해 주실 대한금융학회에서 나온 교수님도 기다리는 게 좋겠다고 동의하셨다."

비위가 상한 표정을 짓고 있던 박태윤은 도저히 못 참겠다는 듯 주영무 장학사에게 따져 물었다.

"선생님, 지금 안 오고 있는 친구가 은명여중 학생 맞나요?"

"어떻게 알았나? 은명여중에 다니는 학생, 맞다."

"은명여중은 전국금융경시대회에서 17등밖에 못했는데, 어떻게 한국 대표로 뽑힐 수 있지요?"

박태윤의 말투는 나름 진지했다. 박태윤에게 규칙의 기계적 적용은 중대한 일이었다. 주영무 장학사는 아무런 표정의 변화 없이 대답했다.

"그건 우리가 정한 규칙에 따라 그렇게 된 거다."

규칙을 따랐다는 주영무 장학사의 말에 박태윤은 분한 표정을 지었다. 스스로를 한국 대표팀의 주장으로 여기는 최우진은 자기가 나설 차례라고 판단했다.

"실력대로 뽑아야 한국 대표팀이 세계 대회에서 좋은 성적을 거둘 수 있는 것 아닌가요? 전 이런 식의 선발은 잘못됐다고 생각하는데요."

주영무 장학사의 표정은 미묘하게 변했다.

"우리나라를 대표할 학생을 뽑는 권한은 교육청에 있다. 그리고 교육청은 미리 정해 놓은 규칙에 따라 이번 선발 과정을 공정하게 진행했고. 최우진 학생은 어떤 부분이 잘못됐다고 말하는 거지?"

"여자라는 이유로 자격도 되지 않는 학생을 뽑는 건 더 능력이 뛰어난 다른 학생들을 모욕하는 거잖아요. 저는 금융도 마찬가지라고 생각하는데요. 더 좋고 뛰어난 게 있으면 그걸 택하는 게 옳은 거지요. 그게 제가 전국금융경시대회에서 1등을 차지한 비결이기도 하고요. 비슷한 예로, 저는 왜 한국은 전 세계에서 가장 좋은 돈인 달러나 엔 같은 걸 쓰지 않고 외국 어디서도 받아주지 않는 원이라는 구린 돈을 쓰는지 이해가 안 됐어요. 제가 대통령이면 당장 이것부터 바꿔 놓을 거예요."

최우진의 도발이 금을 넘자 오히려 주영무 장학사의 표정은 평온해졌다.

"예전에 한국어를 버리고 영어를 공용어로 쓰자고 주장하는 사람들이 있었다. 그들 중 일부는 아예 대한민국이라는 나라를 없애고 미국의 51번째 주가 되자고도 이야기했지. 너도 비슷한 생각이냐?"

최우진은 잠깐 움찔했지만, 곧바로 이죽거리는 표정을 되찾았다.

"영어를 공용어로 쓰자는 건 솔직히 괜찮은 생각 같아요. 그렇게 되면 학생들이 외국어 공부한다고 고생 안 해도 되잖아요. 또 영어를 공용어로 쓰는 만큼 외국 나가서 경쟁력을 발휘하기도 좋아지고요. 또 미국의 일부가 되자는 건 조금 과하긴 하지만 일리가 있다고 봐요."

"그런 얘기를 할 줄 알았다. 같은 논리에서 나오는 얘기라서다. 그런데 궁금하구나. 그러한 주장과 100여 년 전에 대한제국을 일본에 팔아넘긴 자들의 주장 사이에 무슨 차이가 있을까?"

아무 말도 하지 못한 채 최우진의 얼굴은 벌게졌다. 아무리 능력이 모든 걸 결정해야 한다고 믿어도 과거의 '일한병합'을 옹호하기는 무리였다. 주영무 장학사는 같은 이야기를 계속할 생각은 없어 보였다.

"영어 얘기는 그만하는 걸로 하고, 얘기가 나온 김에 대회 얘기를 좀 해 봐야겠다. 어쨌든 너희는 우리나라를 대표해 국제금융올림피아드에 나가기로 결정된 아이들이니 말이다. 아까 한국 대표팀의 성적을 걱정했었나? 엄밀히 말해 그건 네가 걱정할 일이 아니다. 우리나라의 교육을 책임지는 입장에서 우리는 너희들이 다른 나라 학생들 못지않은 실력을 보여주기를 기대한다. 하지만 너희가 모두 금메달을 따야 한다든지 혹은 메달을 몇 개나 받을지는 신경 쓰지 않거든."

주영무 장학사의 말이 잘 이해가 되지 않은 김윤재가 물었다.

"왜 그렇죠? 한국이 종합 성적에서 몇 등 했는지가 중요한 거 아닌가요?"

"종합 성적? 대회를 주관하는 데서 그런 성적은 매기지 않는다. 오직 너희들 각각의 개인 메달만 있을 뿐이야."

"올림픽에서는 국가별로 순위를 매기는데요?"

"그건 사람들의 관심을 끌려고 언론이 매기는 거다. 국제올림픽위원회는 그런 순위를 내지 않는다. 국가 간 경쟁이 올림픽을 하는 목적이 아니기 때문이지. 마찬가지로 국제금융올림피아드에서도 국가별 순위는 없다."

김윤재는 더 이상 묻지 않고 입을 다물었다. 주영무 장학사는 아직 할 말이 남은 듯했다.

"아까 최우진 학생이 전 세계에서 제일 좋은 돈이 달러라고 했었지? 그런데 그게 무슨 달러냐?"

최우진은 별걸 다 묻는다는 듯 퉁명스럽게 대답했다.

"무슨 달러라니요? 달러가 하나지, 여러 개 있어요? 외국에서 다 쓰는 미국 돈이잖아요."

주영무 장학사는 고개를 가로저었다.

"방금 네 말에는 두 가지 오류가 있다. 첫째로 달러는 하나가 아니고 여러 종류가 있다. 둘째로 미국 돈은 미국에서만 쓸 뿐 다른 나라에서는 쓰지 못한다."

최우진은 섣불리 할 말을 찾지 못했다. 반론하려 해도 갖고 있는 얕은 지식만으로는 한계가 있었다. 주영무 장학사는 차분히 설명했다.

"먼저, 달러를 이야기하겠다. 달러는 원래 16세기 초 합스부르크 왕가의 한 광산에서 주조되던 은화를 가리키는 말이었다. '성 요아킴 계곡의 것'을 뜻하는 '상크트 요아킴스탈러'라는 말에서 달러라는 단어가 나왔지. 이후 달러는 신성로마제국과 스페인에서 통용되는 돈이 되었다. 미국이 자기네 돈의 이름을 달러로 정한 이유가 바로 스페인 달러를 본떴기 때문이다. 오늘날 달러라는 이름을 돈으로 사용하는 나라는 미국 말고도 많이 있다. 예를 들어, 오스트레일리아, 뉴질랜드, 캐나다 같은 서양 국가는 물론이거니와 싱가포르나 대만 같은 아시아 국가도 그 단어를 사용해. 그래서 달러라는 말을 쓸 때는 반드시 어느 나라 달러인지를 이야기하지 않으면 알아들을 수가 없다. 미국 달러, 오스트레일리아 달러, 싱가포르 달러, 이런 식으로 나라 이름을 붙여 줘야 하지. 다 각각 다른 돈이라서다."

입술을 자그시 깨문 채로 최우진은 조용히 주영무 장학사의 설명을 들었다.

"그다음으로, 미국 돈은 미국에서만 쓸 수 있을 뿐, 다른 나라에서는 쓸 수 없다. 쓰고 싶어도 받아 주지를 않지. 예를 들어, 영국 런던에 있는 식당에서 음식값으로 미국 달러를 내밀면 종업원들이 어이 없다는 듯 화를 내면서 거부할 거다. 영국은 영국 파운드 혹은 파운드 스털링이라는 돈을 쓰는데, 미국 달러를 받으면 골치 아프고 귀찮기 때문이지."

여전히 최우진은 미국 돈을 다른 나라에서도 쓸 수 있다고 믿고 있었다. 최우진 생각으로는 받지 않을 이유가 도무지 없었다.

"이상한 나라 돈이면 모르겠지만 이건 달러, 그러니까 미국 달러잖아요. 그걸 받아서 다시 영국 파운드로 바꾸면 되지 않나요?"

"이론적으로는 가능한 일이다. 그렇지만 실제로는 두 가지 문제가 있다."

"뭐가 문제죠?"

주영무 장학사는 모든 아이들을 차례로 바라보며 대답했다.

"우선 현실적인 문제로, 귀찮다. 그렇게 다른 나라 돈을 받으면 그걸 은행에 가서 영국 파운드로 바꿔야 하는데, 그 과정에서 수수료도 물어야 하고 또 그게 영국 파운드로 얼마가 될지 불확실하거든. 그보다 더 큰 문제로, 그렇게 외국 돈으로 물건값을 주고받는 게 불법이라서다. 그런 일을 하다가 잡힐 경우 법으로 엄격하게 처벌을 받는다."

"사람들이, 즉 시장이 알아서 정하게 내버려두면 될 일 아닌가요?"

"시장은 장점이 있지만 완벽한 제도는 아니다. 예전에는 사람을 돈으로 사고파는 노예 시장이 존재했었지. 빌린 돈을 갚지 못하면 자유를 잃고 노예로 팔려 가는 일이 가능했다는 뜻이다. 노예는 사람

대접을 받지 못하고 소나 돼지 같은 가축 취급을 받았다. 너라면 그런 대접을 받아도 괜찮다고 생각하겠느냐?"

최우진은 다시 할 말을 잃었다. 주영무 장학사는 이야기를 끝낼 때가 되었다고 느꼈다.

"외국 돈을 국내에서 사용하지 못하도록 하는 데에는 이유가 있다. 그런 일이 벌어지면 국가가 정상적인 경제 정책을 시행할 수가 없게 돼. 국가가 써야 하는 돈이 있기 마련인데 그걸 외국 돈으로 마련해야 한다고 생각하면 그 돈을 만들어 내는 외국의 입김에서 벗어날 수가 없지 않겠느냐? 디지털 돈이라고 주장되는 암호 숫자도 다르지 않다. 이런 돈의 사용을 금지하지 않는 나라는 아무리 겉보기에 그럴싸해도 실제로는 국가가 아니다. 허수아비나 다름없는 존재라고 할 수 있지."

그때 강의실 뒷문이 열렸다. 뛰어왔는지 아이는 헐레벌떡 숨을 몰아쉬며 말했다.

"늦어서, 하아, 죄송합니다."

주영무 장학사는 반갑게 아이를 맞았다.

"오느라 수고했다. 모두들 서로 인사 나눠라. 여기는 은명여중 2학년 엄서진이다. 이제 다 모였으니 너희를 지도할 교수님을 모셔도 되겠다."

주영무 장학사가 자리를 비운 동안 아이들은 알게 모르게 엄서진에게 거리를 뒀다. 민준이는 자기만이라도 조금은 친절하게 대해 주고 싶은 마음이 들었다. 하지만 나서기에는 숫기가 부족했다. 급기야 이선호는 묘하게 빙글거리며 엄서진에게 말을 걸었다.

"그래도 대단하다, 너. 합쳐서는 33등이지만 여자들 중에서는 두 번째로 성적이 좋았던 셈이잖아."

엄서진은 이선호를 똑바로 쳐다보며 말했다.

"내가 그래? 전국금융경시대회를 얘기하는 거지? 여자들 중에 몇 등인지는 모르겠지만, 전체에서 내 순위는 7등, 8등이어야 할 것 같은데."

아이들의 눈은 휘둥그레졌다. 당황한 이선호는 말까지 더듬으며 물었다.

"어, 어, 그, 그게, 무슨 소리야?"

"대회를 했을 때는 신중중에 다니고 있었거든. 그 뒤로 이사를 가게 돼서 지금 학교로 전학을 왔으니까."

이선호는 다른 아이들에게 네 손가락으로 숫자 4 신호를 보냈다. 신중중이 전국금융경시대회에서 4등을 한 학교라는 뜻이었다. 엄서진의 신중중 친구와 5등을 한 현목중의 두 명이 포기하지 않았다면 이선호와 박태윤이 오늘 이 자리에 올 일은 없었다. 여학생을 최소한 명 뽑는다는 규칙도 처음부터 없었다.

4장

아이비리그가 미국에서
제일 인기가 높은 대학인 이유가 있어?

"서연, 오늘 학교 끝나고 만남 있는 거, 기억하지?"

서연이는 루크의 어설픈 한국말에 풋 하고 웃음을 터트렸다. 루크는 발음도 괜찮고 제법 틀을 갖춘 한국말을 구사했지만, 가끔씩 상황에 어울리지 않는 단어를 고를 때가 있었다. 책을 읽으며 자연스럽게 단어를 접하지 않고 단어장을 외웠을 때 벌어지기 쉬운 일이었다.

"루크, 그럴 때는 만남이라는 단어를 쓰면 좀 어색하게 들려. 그냥 영어 그대로 미팅이라고 하거나 혹은 회의라고 말하는 게 나을 것 같아."

"오우, 감사, 감사!"

서연이는 미국 학교생활에 빠르게 적응해 나갔다. 모국어가 아닌 말로 공부를 해야 하는 게 어려웠을 뿐 공부 자체는 서연이에게 어려운 일이 아니었다. 결과적으로 한국의 중학교 2학년 1학기를 다시 반복하는 셈인 데다가 미국과 한국의 교과 과정 차이가 있는 터라 일부 과목은 너무 쉽게 느껴졌다.

요즘의 한국과 마찬가지로 미국도 수업과 강의가 학교 교육의 전부는 아니었다. 아이들은 방과 후 활동, 즉 아이들끼리 자율적으로 모여 진행하는 애프터스쿨 과정에 큰 공을 들였다. 관심과 실행만 뒤따라 순다면 여러 동아리에 가입해서 활동해도 전혀 문세 될 게 없었다. 아이들은 방과 후 동아리를 통해 자신의 관심사를 적극적으로 탐험해 보곤 했다.

방과 후 동아리의 종류는 실로 다양했다. 아이들이 좋아하고 많이 선택하는 동아리에는 보드게임, 토론, 로봇, 춤, 코딩, 종이접기, 스포츠, 사진, 원예, 요리, 연설, 연기, 미술, 노래, 외국어 등이 있었다. 최근 사람들이 많이 관심을 보이기 시작한 창업을 경험해 보는 일명 샤크탱크 동아리도 인기가 높아졌다. 상어가 그득한 수족관을 가리키는 샤크탱크는 창업자의 미숙함을 적나라하게 지적하는 상어 떼 같은 심사위원들이 등장하는 미국의 텔레비전 프로그램 제목이기도 했다.

오늘 서연이가 루크와 학교 끝나고 회의를 하기로 한 이유도 방과 후 동아리 때문이었다. 루크는 서연이에게 새로운 방과 후 동아리를 같이 만들자는 제안을 하려는 참이었다.

학교가 끝난 뒤 빈 교실에서 서연이는 루크에게 물었다.

"오늘 누가 더 올 거야?"

루크는 기대에 가득 찬 표정을 지으며 대답했다.

"한 명 더 있어. 현재는 우리 둘을 포함해서 모두 세 명이야."

올 사람이 더 있다고 하니 서연이는 당장 방과 후 동아리 이야기를 하기는 좀 그랬다. 그렇다고 아무 말도 안 하고 있자니 그것도 겸연쩍고 서먹했다. 서연이는 지난번에 엄마에게 들었던 기숙사립학교 이야기를 꺼냈다.

"루크는 내년에 중학교 졸업하면 초트로즈메리홀 같은 데로 진학할 계획이야?"

"오우, 초트로즈메리를 알아?"

"저번에 엄마한테 들었어, 미국에서 좋은 걸로 세 손가락 안에 꼽히는 기숙사립학교라고. 코네티컷에 있다면서?"

루크는 뭐라 표현하기 어려운 야릇한 표정을 지었다. 아는 게 너무 많아 그것들끼리 머릿속에서 충돌할 때 나타나는 그런 표정이었다. 잠시 머뭇대던 루크는 서연이의 의아한 눈빛을 느끼자 비로소 입을 열었다.

"아니, 난 갈 계획 없어. 나의 아빠는 내가 그런 기숙학교에 가는 거를 원하지 않거든."

"아, 그래? 들어가기가 어려워서 그렇지, 갈 수만 있다면 모두 다 가고 싶어 하는 곳이라고 들었는데."

"나의 아빠는 고등학교를 그런 데에 다니는 건 미국적이지 않다고 생각해. 그는 미국 사람이라는 것에 굉장한 자부심을 가지고 있는데 그런 기숙학교는 너무 귀족주의적이라서 안 좋아해. 왜냐하면 학비와 기숙사비를 합쳐 1년에 돈이 약 70그랜드 들어."

서연이는 루크가 귀족주의의 반대 개념으로 미국적이라는 말을 사용했다고 어렴풋이 짐작했다. 하지만 루크가 말한 단어 중 하나는 도통 그 뜻이 짐작이 가질 않았다.

"70그랜드? 그게 무슨 말이야?"

"아, 미안. 그랜드는 천 달러와 같아. 그러니까 70그랜드는, 음, 7만 달러야."

서연이는 미국 돈으로 7만 달러가 한국 돈으로 얼마쯤 될지 감이 없었다. 서연이는 스마트폰을 꺼내 검색을 했다.

"잠깐만, 미국 돈 1달러가 한국 돈으로는 1,300원이 조금 넘네. 뭐야, 그럼 9천만 원이 넘는 돈이잖아! 너무 비싼데? 졸업할 때까지 4년을 다니니까 고등학교를 졸업하는 데 4억 원 가까운 돈이 드네."

"맞아. 아주 부자가 아니면 다니기 어려워. 미국인 전체에서도 극소수의 사람만 감당할 수 있는 돈이야."

서연이는 갑자기 두려운 생각이 들었다. 아무리 생각해 보아도 아빠 엄마가 자기를 고등학교 보내는 데 그만한 돈을 쓸 여력이 있을 것 같지는 않았다. 서연이는 화제를 바꾸고 싶었다.

"기숙사립학교를 나오지 않아도 미국에서 좋은 대학에 충분히 갈 수 있다고 듣기는 했어."

"물론이야. 나의 아빠도 공립고등학교를 나왔어. 하지만 아이비리 그에 갔지. 자기처럼 공립고등학교를 다니고도 미국에서는 얼마든지 성공할 수 있다고 생각하는 거야."

서연이는 사실 아이비리그가 정확하게 무엇을 뜻하는지 잘 몰랐 다. 미국의 좋은 대학들을 가리키는 말이라는 느낌만 막연히 가질 뿐 이었다. 서연이는 슬며시 물었다.

"루크, 아이비리그라는 게 정확히 뭐야?"

갑자기 루크는 무척이나 기쁜 표정을 지었다. 이 질문을 하지 않 았다면 미안했을 뻔한 정도의 기쁜 표정이었다.

"서연, 정말 질문 잘했어! 왜냐하면 내가 아이비리그를 포함해 미 국 대학의 역사를 주제로 역사 동아리에서 과제를 한 적이 있거든. 사실 내가 제일 좋아하는 과목이 바로 역사야."

서연이는 루크의 순수한 기쁨을 좋게 느꼈다. 긍정의 에너지를 받 은 서연이는 부끄러워하지 않고 자기가 아는 것을 털어놓았다.

"그래? 난 하버드대학이 아이비리그라고 불리는 것만 알아. 혹시 너희 아빠 하버드대학을 나오셨어?"

"아니. 나의 아빠는 펜실베이니아대학을 졸업했어. 영어로 줄인 이름은 유페이야. 1740년에 생긴 펜실베이니아대학은 미국에서 다섯 번째로 오래된 대학이야. 특히 여러 단과대학으로 구성된 유럽의 종합대학 구조를 따라 한 걸로는 미국에서 최초야."

"그렇구나."

루크는 자기가 잘 아는 이야기를 하느라 신이 났다.

"펜실베이니아대학을 세운 사람이 누군지 알아?"

"글쎄. 내가 어떻게 알겠어? 유명한 사람이야?"

"응. 미국 건국의 아버지 중 한 명인 벤저민 프랭클린이야. 프랭클린은 미국 정신을 자기 삶으로써 보여 준 사람이기도 해. 초등학교도 마치지 못했지만 인쇄소를 차려 큰돈을 벌었고, 연을 직접 날려 번개가 전기라는 걸 확인했고, 미국이 영국을 상대로 독립전쟁을 치를 때 외교에 나서 프랑스를 전쟁에 끌어들였어. 그때 프랭클린에게 설득된 프랑스 왕이 바로 마리 앙투아네트의 남편인 루이 16세야. 그런 프랭클린의 공헌을 기리고자 미국 달러 지폐 중 가장 금액이 큰 100달러 지폐에 그의 얼굴이 나와."

서연이는 한국의 최고액 지폐인 5만 원권에 누가 그려져 있는지를 생각해 봤다. 그 인물은 바로 신사임당이었다. 이러한 비교로 미루어 보건대 서연이는 미국이 프랭클린을 얼마나 중요하게 여기는지를 짐작할 수 있었다. 서연이는 애초의 질문을 계속했다.

"아이비리그에 또 다른 대학이 있어?"

"응, 물론이야. 아이비리그에는 모두 여덟 개의 대학이 있어. 하버드, 펜실베이니아 외에도 예일, 프린스턴, 컬럼비아, 브라운, 다트머스, 코넬이 포함돼. 이 여덟 대학 중 하나에 가면 아이비리그에 갔다고 하는 거야."

"알겠어. 그런데 왜 아이비리그라는 이름으로 불리는 거야? 아이비가 담장 타고 자라는 식물인 담쟁이 맞지?"

서연이의 이런 정도 질문은 루크에게 전혀 어렵지 않았다.

"아이비리그의 여덟 학교는 서로 가까이 있다는 공통점이 있어. 또 코넬만 빼면 미국이 영국의 식민지였던 시절에 생겼다는 공통점도 있거든. 그러니까 미국에서 가장 오래된 대학들인 거야. 이들은 1930년대에 농구나 야구 혹은 미식축구 같은 운동 경기를 벌이는 리그를 자기들끼리 만들었어. 원래는 그냥 동부대학리그라는 이름으로 불렸는데, 언론이 아이비리그라고 부르면서 그게 공식 이름이 돼버렸어. 아이비라는 단어가 사용된 이유는 19세기 후반에 이들 대학에서 담쟁이 심는 일이 유행처럼 번졌어. 그 결과 리그가 만들어지는 1930년대쯤에는 이들 학교 건물들이 담쟁이로 뒤덮이면서 아이비가 이들의 상징이 된 거야."

루크는 잠시 말을 쉬었다. 그러다 갑자기 주위를 살피더니 작은 목소리로 소곤댔다.

"지금 내가 하는 말을 나의 아빠가 들으면 아마도 화를 엄청 내겠지만, 사실 아이비리그라고 해서 다 같은 건 아니야. 사람들이 정말

67

로 가고 싶어 하는 학교는 그중 셋이거든. 나의 아빠도 셋 중 아무 데서도 입학 허가를 받았다면 펜실베이니아대학 대신 거기에 갔었을 걸. 그 세 학교와 나머지 다섯 학교의 차이는 커."

"그게 어딘데?"

"바로 하버드, 예일, 프린스턴이야."

서연이는 속으로 '엄마가 예일대학 때문에 여기로 오사고 한 건가?' 하고 생각했다. 루크가 연이어 물었다.

"그런데, 하버드대학이 원래 뭐였는지 알아?"

"몰라. 원래부터 대학이었던 거 아니야?"

"아니야. 원래는 목사를 교육하는 신학교였어. 영국에서 아메리카로 처음에 온 사람들이 영국 국교회를 거부하는 개신교도였거든. 그래서 목사가 많이 필요했어. 1636년에 생겼으니까 미국에서 가장 먼저 생긴 신학교야."

"그랬구나. 몰랐어."

"하버드, 예일, 프린스턴의 세 학교는 역사적으로 서로 관계가 깊어. 신학교로 하버드를 만들었는데 시간이 가면서 학교가 목사의 엄격한 양성에 열의를 잃었어. 실망한 개신교도들은 1701년 다른 신학교를 만들었어. 그게 여기 뉴헤이븐에 있는 예일이야. 그런데 예일 역시 40여 년 후 하버드의 전철을 밟기 시작했어. 그래서 다시 새로 만든 신학교가 1746년에 생긴 프린스턴이야. 이러한 역사는 오늘날까지도 영향이 있어. 셋 중에 프린스턴이 어딘지 모르게 가장 엄격하면서 진지하고 하버드가 가장 느슨해."

루크의 지나치게 자세한 설명에 슬슬 지루함을 느끼기 시작한 서연이는 이야기를 원래 궤도로 돌려놓으려 했다.

"이 학교들은 당연히 들어가기가 무척 어렵겠지?"

"응, 매우 어려워. 세 학교 모두 20여 명 지원하면 겨우 1명만 입학 허가를 받아. 아이비리그에서 제일 입학이 쉽다는 코넬의 12명 중 1명과 비교가 돼."

서연이는 기가 막혀 말이 나오질 않았다. 20여 명 중 1명이라면 10명 중 1명이 입학 허가를 받는다는 필립스아카데미 앤도버보다도 어렵다는 얘기였다. 서연이는 무슨 로또나 다름없다는 생각이 들었다. 그때 갑자기 또릿또릿한 목소리가 들려왔다.

"그것만 얘기하면 완전한 그림을 보여주지 않는 셈이지 않니? 나라면 세 가지를 더 이야기할 것 같네."

서연이는 고개를 돌려 소리가 난 곳을 보았다. 거기엔 착한 얼굴을 한 여자아이가 서 있었다. 루크는 반가운 표정을 지으며 여자아이에게 손짓했다.

"드디어 왔구나. 어서 와. 서연, 인사해. 이쪽은 헤스티아. 헤스티아, 이쪽은 서연. 서연은 한국에서 우리 학교로 이번 가을 학기 시작하면서 전학을 왔어."

69

"만나서 반가워. 난 헤스티아야."

"안녕, 나도 만나서 반가워. 내 이름은 서연이라고 해."

서연이는 헤스티아가 하려던 얘기가 궁금했다.

"헤스티아, 방금 말했던 세 가지가 무엇인지 물어봐도 될까?"

헤스티아는 자애로운 표정을 지으며 대답했다.

"아, 물론이야. 첫째로, 입학 허가를 받는 비율만 단순히 따지는 건 단편적인 비교야. 왜냐하면 이 사립 대학들은 1년에 1,000여 명의 학생만 받을 뿐이거든. 프린스턴은 1,200명대에 그치고, 셋 중 제일 많이 받는 하버드가 약 1,900명이야. 그에 반해 미시간 앤아버대학이나 캘리포니아 로스앤젤레스대학 같은 좋은 공립대학은 약 7,000명에 달하는 학생을 뽑아. 즉 지원자 수가 같아도 적게 입학시키는 만큼 입학 허가율은 낮게 나올 수밖에 없어."

서연이는 학기 초에 아빠한테 들었던 설명을 또다시 듣게 된 게 신기했다.

"캘리포니아 로스앤젤레스대학이 약자로 유씨엘에이[UCLA]지? 그런 데는 입학 허가율이 얼마나 돼?"

"10명 중 1명 정도야. 거기가 하버드만큼만 신입생을 받았다면 오히려 입학 허가율이 하버드보다도 낮아질걸."

루크가 이야기에 끼어들었다.

"적은 수의 학생을 뽑는 만큼 더 뛰어난 학생을 뽑는다고 생각할 수도 있지 않니?"

"그 학교들은 사람들에게 그런 인상을 주려고 실제로 노력 많이 해. 그렇지만 달리 보면 좋은 학생을 많이 키워 내려는 교육의 본질에 뜻이 없는 거야. 자기네가 뽑은 학생들이 소수의 선택된 엘리트라는 인식을 가지게 하는 게 그들에게는 더 중요하거든. 그리고 이는 내가 하려던 둘째 이야기와 연결돼."

서연이와 루크가 숨을 죽이고 듣는 동안 헤스티아는 말을 이어갔다.

"이 대학들을 포함해 대부분의 사립 대학들은 공립학교였다면 상상하기 어려운 방식으로 입학 허가를 내줘. 이름하여 레거시 입학이야."

"그게 뭐야?"

"레거시는 유산을 뜻하는 말이야. 여기서는 학교 동문의 자식들을 가리켜. 쉽게 말해 그 학교를 과거에 졸업한 졸업자의 자녀가 지원하면 특혜를 줘서 입학할 수 있게 하는 거야. 레거시 입학은 주로 조기 지원의 형태로 이루어져."

서연이는 정말로 깜짝 놀랐다. 조기 지원이라는 게 한국 기준으로는 수시 지원일 터였다. 그렇게 하면 안 되는 거 아닌가 싶었다. 헤스티아는 계속 말했다.

"물론 동문의 자녀라고 해서 다 뽑지는 않아. 하버드를 예로 들자

71

면, 2014년부터 2019년까지 레거시의 입학 허가율은 3명 중 1명이었어. 즉, 동문 자녀도 3명 중 2명은 입학 허가를 받지 못해. 하지만 이를 29명 중 1명이라는 하버드 전체의 입학 허가율과 비교해 보면 그림은 분명해져. 듀크대학의 피터 아시디아코노가 2019년에 발표한 논문에 따르면 하버드에서 입학 허가를 받은 20명 중 9명이 운동선수, 동문 자녀, 고액 기부자의 자녀, 하버드 현직 교수의 자녀였어. 이들 사립 대학에 '학교 건물 하나 지어주고 자식들 입학시키는' 게 가능하다는 얘기지. 돈으로 대학 졸업장을 사는 건 미국에서 비밀도 아니야."

서연이는 할 말을 잃었다. 루크가 다시 끼어들었다.

"컴온, 헤스티아. 기부한다고 해서 꼭 입학 허가가 나오는 게 아니라는 건 너도 알잖아."

"맞아. 그게 일부 부모들에게는 골칫거리였지. 학교에서 얼마를 기부하라고 명확히 이야기해 주면 좋겠는데 그렇게까지는 안 하니까. 그게 그 빈틈을 노린 입시 중개업자가 나타난 이유야. 이들은 대학 운동팀 코치와 짜고 돈을 낸 아이들을 인기가 많지 않은 운동 종목의 체육 특기생으로 둔갑시켜 입학시켰어. 이러한 방식으로 부정 입학한 수십 명 이상의 학생들이 2019년 이른바 대학 운동팀 블루스 작전으로 잡혔거든. 그들이 들어갔던 대학에는 스탠퍼드, 하버드, 예일이 포함되었지."

서연이는 왜 이런 나라에서 자기가 공부하게 됐는지 머리가 몹시 어지러웠다. 얼굴이 붉어진 루크는 헤스티아에게 마지막 반론을 펼쳤다.

"그건 말할 필요도 없이 옳지 않은 일이야. 하지만 난 여전히 정상적으로 이들 학교에 입학한 뛰어난 학생이 없지 않다고 생각해."

"나도 그건 동의해. 그렇지만 내가 하려던 마지막 셋째 이야기가 아직 남아 있어. 이 사립 학교들에 지원하려면 집에 정말 돈이 많아야 해. 예를 들어 하버드대학을 다니려면 1년에 내는 등록금과 기숙사비 등 공식적인 비용만 8만 달러가 넘어. 여기에 용돈과 책값 등을 생각하면 실제로는 10만여 달러가 들지. 이걸 감당할 수 있는 사람이 몇이나 되겠어? 결국 돈 많은 집 아이들만 갈 수 있을 뿐이야."

머릿속으로 계산해 보고는 서연이는 기겁했다. 하버드나 예일 등의 대학에 가지고 있던 환상은 이제 완전히 깨지고 말았다. 루크는 첫인상보다 질긴 정신을 가지고 있었다.

"그래, 헤스티아. 네가 한 말 중에 틀린 말은 없었어. 그래도 너희 할아버지가 예일을 대표하는 경제학 교수라 예일은 빼고 얘기할 줄 알았는데 가차없더라, 너."

예일을 대표하는 경제학 교수라는 루크의 말이 서연이에게 낯설게 들리지 않았다. 아빠가 언젠가 그런 사람을 좋게 얘기했던 게 기억나서였다. 서연이는 루크에게 물었다.

73

"헤스티아 할아버지가 유명한 분이셔?"

"그럼. 보통 교수 정년이 65살이잖아. 그런데 헤스티아의 할아버지는 2년 전인 75세 때 은퇴하셨어. 워낙 유명해서 예일에서 놓아주지를 않은 거지. 금융계에서 일하는 나의 아빠도 헤스티아의 할아버지는 존경해. 헤스티아의 공평무사한 말솜씨가 괜한 게 아니라니까."

온화한 표정으로 헤스디아가 말을 받았다.

"시카고대학 금융학 박사에 천억 달러가 넘는 돈을 운용하는 헤지펀드를 차린 너희 아빠도 대단해. 아, 근데, 그래서 우리 금융 동아리가 미국을 대표해 국제금융올림피아드에 나가기로 되어 있다는 거지?"

서연이는 뭐가 어떻게 되고 있는 건지 도무지 정신을 차릴 수가 없었다. 루크는 쑥스러워하며 대답했다.

"응. 그런 데에 나가서 상을 받으면 내가 나중에 아이비리그에서 입학 허가를 받을 가능성이 커진다고 생각하시는 것 같아."

더 이상 참을 수가 없었던 서연이는 손을 휘저으며 루크에게 물었다.

"국제금융올림피아드는 뭐고 우리가 미국 대표가 된다는 건 또 뭐야? 어떻게 그렇게 될 수 있어?"

"왜냐하면 대회를 만든 사람이 우리 아빠거든."

할 말을 잃은 서연이는 멍하게 앉아 있었다.

5 장

소가 송아지를 낳듯
돈이 새끼를 치는 게 가능해?

그날 밤 서연이는 학교에서 있었던 일을 아빠에게 털어놓았다. 서연이의 금융 동아리 아이들은 집에서 국제금융올림피아드에 나올 만한 어려운 금융 문제를 각자 찾아보기로 했다. 그렇게 찾은 문제들을 모두 다 같이 공부하려는 계획이었다. 서연이는 도전해 볼 만한 어려운 금융 문제를 아빠에게 추천받아야겠다고 생각했다.

서연이에게 이야기를 들은 서연이 아빠는 잠깐 생각에 잠겼다. 그런 후 서연이 아빠는 뜻밖의 말을 꺼내 놓았다.

"서연아, 이건 아빠가 직접 문제를 추천하기보다는 좋은 문제를 알려 줄 만한 사람을 추천해 주는 게 더 나을 것 같아."

"잉, 아빠한테 추천받고 싶었는데."

"아빠가 하는 것도 좋지만 이번 기회에 우리 서연이가 더 많이 배울 수 있는 딱 맞는 사람이 마침 생각이 나서 그래."

서연이는 누구길래 아빠가 저렇게까지 이야기하는지 궁금했다.

"어떤 사람인데요?"

"아빠 어렸을 때 친구야. 교회 열심히 나가던 친구였는데 지금은 여기서 멀지 않은 하트퍼드의 한인 성당에 주임 신부로 있어."

서연이는 어안이 벙벙했다. 최고 수준의 금융 문제를 공부해야 하는데 난데없이 신부에게 배우라니 무슨 소린가 싶었다.

"아빠, 신부님하고 금융은 보통 아무 상관이 없지 않아요?"

"아, 일반적으로는 그렇지. 그렇지만 명준이는 좀 특별한 사례야. 얘가 원래 한국에서 주욱 공부해서 서울대 항공공학과를 졸업했어. 당시 서울대 항공공학과는 서울대 의대보다 합격점이 높았지. 얘가 밤하늘의 별 보는 걸 좋아한 데다가 우주선 만드는 꿈도 있어서 항공공학과를 간 거였거든. 원래는 항공우주공학 쪽으로 공부를 더 해서 달 탐사 우주선 개발한다고 항공우주연구원 같은 데서 한평생 일할 친구였지.

그런데 대학 3학년 겨울 방학 때 우연히 명동성당에 간 거야. 태어나서 처음 성당에 가 본 거였대. 거기서 뭔가를 느꼈나 봐. 그러고는 서울대를 졸업한 후 천주교 사제가 되기 위해 다시 가톨릭대학 신학과에 편입학했어. 군대도 그 사이 방위병으로 다녀오고는 몇 년 간의 과정을 밟아 결국 사제가 되었지."

"대단하네요. 하지만 아빠 친구분이 비행기를 고쳤다면 차라리 믿겠지만 그 아저씨 경력엔 금융의 '금'자도 등장하지 않잖아요."

서연이 아빠는 너털웃음을 지으며 말했다.

"안다, 알아, 네가 왜 그렇게 모질게 구는지. 다른 친구들에 비해 네 문제가 수준이 떨어지면 어쩌나 하고 걱정하는 거지?"

서연이는 뜨끔했다. 의식 못 하고 있었지만 평범하고 쉬운 문제 때문에 친구들한테 망신스러울까 봐 가시가 돋아 있었다.

"꼭 그런 건 아니에요."

"처음부터 관련된 얘기만 했으면 됐는데 명준이가 얼마나 대단한 사람인지를 얘기하느라 서두가 길었네. 사제가 되고 나서 가톨릭교회 안에서도 명준이가 눈에 띄었나 봐. 미국에서 공부를 더 할 수 있도록 기회를 준 거야. 명준이가 간 대학이 인디애나에 있는 노터데임 대학이었어."

"미국에 그런 대학이 있어요? 처음 들어 봤어요."

서연이 아빠는 눈을 껌벅이며 대답했다.

"한국 사람 중에 이 학교를 아는 사람이 많지 않지. 그런 데다가 얼마 안 되는 아는 사람 중에 또 적지 않은 수는 노트르담대학으로 잘못 알고 있어. 한마디로 쯧쯧이야."

"노트르담? 디즈니 만화인 노트르담의 꼽추의 노트르담이에요? 그건 프랑스 파리에 있는 유명한 성당 아닌가? 그 만화, 내 친구들은

79

다 재미없어했는데 좀 어둡긴 했지만 나는 재미있게 봤어, 아빠."

"맞아, 파리의 노트르담이 가장 유명하지. 그런데 노트르담이 파리에만 있지는 않아. 가령, 아미앵이나 루앙 같은 도시에는 파리의 노트르담 이상으로 오래되고 웅장한 노트르담이 있어. 사실 프랑스에는 마치 스타벅스가 미국에서 그런 것처럼 수많은 노트르담이 있단다."

"엥, 노트르담이 성낭을 가리키는 말이에요?"

"보다 정확하게는 '우리의 숙녀'라는 뜻이야. 프랑스말로 노트르notre가 '우리의'를 뜻하고 담dame이 '숙녀'를 뜻하거든. 그런데 노트르담이 진짜로 가리키는 사람이 있어. 바로 예수의 어머니인 성모 마리아 혹은 동정녀 마리아야. 즉 노트르담은 마리아의 이름을 딴 성당인 셈이야."

아빠 이야기에 흥미가 생긴 서연이는 눈을 빛내며 물었다.

"그런데 미국에 왜 노트르담, 아니 그러니까 노터데임은 노트르담을 영어로 읽은 거겠죠? 미국은 가톨릭교회가 없지 않아요?"

"그런 인상을 받은 사람들이 꽤 있지. 영국에서 건너온 최초의 식민자들이 성공회를 거부한 개신교도라서 미국인이라면 당연히 다 그럴 거라고 생각하는 거야. 하지만 나중에 가톨릭 신자들도 많이 건너왔어. 특히 19세기에 아일랜드에서 대기근이 발생해 미국으로 이민한 사람들은 대부분 가톨릭이었지."

"그럼 노터데임대학이 가톨릭대학이에요?"

"응. 가톨릭교회에서 세운 미국 대학 중 가장 명성이 있는 곳이야. 노터데임말고도 워싱턴디씨에 있는 조지타운대학이나 보스턴에 있는 보스턴칼리지 등도 유명한 가톨릭대학이지. 노터데임은 미식축구로, 또 조지타운은 농구로도 유명해."

서연이에게 아빠 친구에 대한 아까의 부정적인 선입견은 더 이상 남아있지 않았다. 하지만 미국의 좋은 대학에서 공부했다는 사실만으로 금융의 전문가가 될 리는 없을 듯싶었다.

"아빠 친구는 노터데임대학에서 무슨 공부를 했어요?"

"기본적으로는 신학을 공부했지, 신학 박사학위를 받았으니까. 그런데 다른 분야의 박사 과정을 동시에 하나 더 밟았어. 명준이는 노터데임의 멘도자 경영대에서도 금융을 주제로 박사학위를 받은 거야. 노터데임이 금융론으로도 꽤 이름이 있거든."

"대박 짱이다! 아빠 친구분이 공부를 진짜 좋아하나 봐요!"

"걔가 공부를 좋아하는 건 아빠 친구들 사이에선 유명했지. 그리고 나선 오랫동안 미국의 여러 대학에서 교수로 지냈어. 그런데 얼마 전 본격적인 사목의 길을 걷고 싶다며 교수를 그만두고 본당의 주임 신부직에 자원했다는 거야. 그렇게 처음으로 맡은 본당이 바로 하트퍼드에 있는 예수성심 한인 성당이었대. 아빠도 이번에 여기 와서 그 소식 듣고 깜짝 놀랐어."

서연이는 이제 아빠 친구가 어떤 사람일까 궁금해지기 시작했다.

서연이의 바뀐 표정을 살피며 서연이 아빠는 말했다.

"그 친구 시간이 어떻게 될지 아빠가 한번 알아보고 다시 말해 줄게. 괜찮지?"

서연이는 고개를 끄덕였다.

서연이가 여명준 스테파노 신부와 만나기로 정해진 시간은 다음 주 토요일 점심때였다. 때마침 하트퍼드에 다른 약속이 있던 서연이 아빠가 서연이를 차로 성당까지 데려다주었다. 여명준 신부는 혹시 서연이가 불편해할까 봐 수녀님 한 분도 함께 자리하도록 했다.

"서연 자매님, 만나서 반가워요. 한 교수를 고대로 빼닮았군요. 한 교수가 머리가 참 좋았는데 우리 자매님도 아빠를 닮아 공부를 잘하겠지요?"

같이 자리한 수녀님도 한마디 거들었다.

"자매님이 너무 예뻐요. 학교에서 친구들 사이에 인기가 정말 많을 것 같아요."

서연이는 몸 둘 바를 몰라 하며 말했다.

"아니에요. 전 그냥 평범한 중학생이에요. 수녀님이 저보다 훨씬 더 예쁘신데요."

"어쩜, 어떻게 얘기를 이렇게 예쁘게 한대요?"

서연이와 수녀님이 서로 호감을 주고받는 사이 여명준 신부는 차분히 기다렸다. 이윽고 여명준 신부가 서연이 아빠에게 들은 이야기를 꺼냈다.

"이번에 국제금융올림피아드라는 데에 나가게 됐다면서요? 친구들과 같이 공부할 어려운 금융 문제를 배우고 싶다고요?"

"네."

여명준 신부는 잠시 눈을 내리깔고 생각에 잠겼다. 얼마 후 여명준 신부는 마음을 정했다는 듯 눈을 들어 이야기를 시작했다.

"자매님에게 추천할 문제는 마음속으로 정했어요. 하지만 그 전에 금융의 근본 문제를 자매님과 이야기 나누고 싶어요."

서연이는 여명준 신부가 고른 문제를 빨리 듣고 싶었다. 여명준 신부가 얘기하고 싶다는 금융의 근본 문제라는 게 돈 관리의 기본 아니면 수익과 리스크 사이의 관계일 게 뻔했다. 나름 그동안 금융경시대회를 거치면서 금융이 뭔지 알 만큼 알게 됐다는 생각도 없지 않아 있었다.

"신부님, 제가 금융의 기본을 모르는 편이 아니라서요. 추천해 주실 문제를 먼저 가르쳐 주시면 안 될까요?"

"오호, 그래요? 그러면 금융의 본질이 뭔지도 알 수 있겠군요. 그게 뭐라고 생각하지요?"

살짝궁 건방을 떨었지만 막상 말하려니 막막했다. 서연이는 그동안 배웠던 걸 쥐어짜 겨우 대답했다.

"금융업의 본질은 사람들이 돈을 잘 관리할 수 있도록 도와주는 거 아닌가요? 저는 금융이 미래를 위해 현재의 돈을 잘 관리하는 거라고 배웠어요."

여명준 신부는 아리송한 표정을 지어 보이며 말했다.

"그 정도면 좋은 대답이에요. 보통은 가격이 오를 뭔가를 사서 돈을 불리는 거라고 대답하지요. 그렇지만 사실 금융의 본질은 따로 있어요. 그건 바로 돈놀이예요."

서연이는 돈놀이라는 단어가 낯설었다. 따로 뗀 돈과 놀이라는 말은 너무나 익숙했다. 돈으로 노는 거니까 도박이나 투기 같은 걸까 하고 짐작할 따름이었다.

"돈놀이라면 돈으로 하는 도박을 얘기하시는 거예요?"

"자매님은 돈놀이라는 말을 처음 들어본 모양이군요. 그렇죠?"

"네."

여명준 신부는 수녀님을 힐끗 보았다. 수녀님은 자기는 들어 봤다는 제스처를 취했다. 여명준 신부는 말을 이었다.

"요즘은 돈놀이라는 말을 잘 쓰지 않지요? 돈놀이는 돈을 빌려주고 이자를 받는 일을 가리켜요. 대금업이라는 말도 쓰지요. 경제를 쥐락펴락한다는 명동 사채업자나 종합편성채널에서 광고하는 대부업체를 떠올리면 틀리지는 않아요. 그게 바로 금융의 근본 문제기도 해요."

서연이는 약간 시시하다는 생각이 들었다. 돈을 빌리고 빌려주는 일은 어떤 면으로는 공기와도 같은 일이었다. 그건 금융의 빼놓을 수 없는 일부였다. 서연이는 왜 돈 빌려주는 걸 금융의 근본 문제라고 하는지 이해가 되지 않았다.

"거기에 무슨 문제가 있나요? 저는 돈을 빌려줄 때 이자를 받는 건 당연한 일 같은데요. 돈을 아무 대가도 없이 빌려주는 건 생각하기 어렵잖아요."

여명준 신부는 그런 말을 예상했다는 듯 고개를 끄덕였다. 표정으로 미루어 보건대 이러한 대화를 해 본 게 한두 번이 아닌 듯했다.

"자매님은 누군가에게 뭔가를 빌려줘 본 적이 있나요?"

"네, 물론 있죠. 샤프심이나 지우개 같은 학용품은 맨날 서로 빌려주고 빌리고 해요."

"책이나 혹은 액세서리 같은 장신구는 어때요?"

"그런 것도 빌려줄 때가 있죠. 그런 건 닳아 없어지지도 않으니까요."

여명준 신부는 긍정의 표정을 지었다. 이제 다음 단계로 나아갈 차례였다.

"방금 한 얘기는 아마 친구들에게 빌려줄 때겠지요? 자매님이라면 친구들에게 뭔가를 빌려주고 원래 빌려준 것 이상을 바라나요?"

"아니요. 빌려준 물건 자체를 돌려받으면 그만이지, 그 이상을 바라지는 않죠."

"그렇지요? 그다지 친하지 않은 사람이라면 어떨까요? 가령, 같은 아파트 단지에 사는 주민이 자매님이 갖고 있는 사과 다섯 개를 빌려달라고 해요. 또 자기 착즙기가 망가졌는데 다시 사자니 목돈이 든다며 자매님의 착즙기를 빌리기를 원해요. 최소 여섯 달은 쓰고 싶다면서요. 이럴 때는 어떨 것 같아요?"

서연이는 생각해 봤다. 아까처럼 선뜻 대답이 나오지는 않았다. 그래도 대답을 찾기가 어렵지는 않았다.

"사과는 그냥 나중에 다섯 개를 갚으라고 할 것 같아요. 그냥 주기는 좀 그러니까요. 그리고 착즙기는 가끔이지만 제가 주스 만들어 먹고 싶을 때 못 쓰게 되니 보상을 좀 받고 싶어요. 한 달에 얼마 이런 식으로요."

"자매님 생각에 동의해요. 대부분의 사람들이 자매님과 비슷한 대답을 하지요. 여기엔 간단하고 타당한 원리가 있어요."

"뭔데요?"

"빌려주는 것은 두 가지 종류로 나뉘어요. 하나는 소비되는, 즉 써서 없어지는 물건이에요. 샤프심이나 사과 같은 게 예가 되겠지요. 이런 건 쓰면 없어지니까요. 다른 하나는 소비되지 않는 물건이에요. 책이나 착즙기 같은 걸 생각해 볼 수 있지요. 이런 건 써도 그대로 남아있어요.

전자를 빌려줄 때 사람들은 대개 빌려준 수량만큼만 되돌려 받으면 된다고 생각해요. 사과를 다섯 개 빌려줘 놓고 나중에 여섯 개를 갚으라고 한다면 이상한 사람처럼 보여요. 그랬다가는 다른 사람의 잠깐의 어려움을 이용해 자기 배만 불리려는 고약한 사람으로 간주될 수 있지요.

반면에 후자를 빌려줄 때는 빌려준 물건을 돌려받을 때까지 사용료를 받는 게 이상하지 않지요. 집이나 호텔방을 예로 생각해 보면 이해하기 쉬워요. 그걸 아무 대가 없이 빌려주는 건 과하잖아요. 소비되지 않는 물건이라면 일정한 기간 빌려주면서 돈을 받는 건 자연스러워요."

서연이는 여명준 신부의 설명이 머리에 쏙쏙 들어왔다. 한편으로 불안한 마음도 서서히 자랐다. 이 얘기가 어디서 비롯된 건지 기억하고 있었기 때문이었다.

"신부님 말씀은 돈이 어느 쪽에 속하는지 생각해 보라는 거죠?"

"자매님 생각에는 어느 쪽인 것 같나요?"

서연이가 대답하는 데에 긴 시간이 걸리지는 않았다.

"돈은 물 같은 거라고 예전에 배웠어요. 물은 마시거나 씻는 데 쓰는 물질이라서 쓰고 나면 눈앞에서 없어지죠. 또 돈은 뭔가를 살 수 있게 해 주는 힘이라고 아빠한테 배웠어요. 뭔가를 사고 나면 돈은 사라지기 마련이에요. 그러니까 돈은 소비되는 물건인 것 같아요. 아무리 생각해 봐도 착즙기나 호텔방 같은 사라지지 않는 물건은 아닌 듯해요.”

서연이의 대답에 여명준 신부는 진심으로 감탄한 듯했다. 그 목소리에 기쁨이 가득했다.

“지금 자매님이 한 얘기가 바로 아리스토텔레스가 했던 얘기와 같아요. 아리스토텔레스는 돈이 쓰면 없어지는 물건이라고 봤어요. 거기에 더해 ‘논은 새끼를 치지 않는다’고 했지요. 가령, 밭을 가는 데 쓰는 소는 송아지를 낳잖아요. 시간이 가면 소의 마릿수는 자연스럽게 불어날 거고요. 하지만 돈은 저절로 불어나지 않지요. 항아리에 넣어 땅에 묻어 놓는다고 해서 돈이 자라거나 새끼를 칠 리가 없으니까요. 그래서 아리스토텔레스는 유저리^{usury}, 즉 돈을 빌려주고 이자 받는 일이 가장 부자연스럽고 미움을 사는 일이라고 판단했지요. 다른 사람의 어려움을 이용해 자기 배만 불리는 부당한 행위라고 본 거예요.”

서연이는 유저리라는 말이 알 듯 말 듯 했다.

“유저리가 『베니스의 상인』에 나오는 샤일록의 고리대금업을 가리키는 말인가요?”

“고리대금업은 유저리의 부분집합일 뿐이에요. 그게 얼마든 간에 이자를 받으면 유저리, 즉 돈놀이지요. 금융업자들은 이자를 적당히 받으면 문제가 되지 않는다고 사람들을 세뇌시켜 왔지만 교회는 예나 지금이나 한결같이 유저리가 죄라고 선언해 왔어요.”

"이자를 받지 말라는 말이 성경에 있나요?"

"너무나 분명하게 나와 있어요. 한두 구절이 아니지요. 구약 신명기에는 동족에게 돈이든 곡식이든 꾸어 주고 이자를 받아서는 안 된다는 말씀이 있어요. 구약 에제키엘서에도 돈놀이를 하지 않아야 의롭다는 하느님의 말씀이 나와요."

점점 마음이 무거워진 서연이는 돈놀이의 한계가 어디까지인지 확인하고 싶었다.

"이자를 조금 내더라도 돈이 급하게 필요한 사람도 있을 것 같아요. 이자 받는 걸 무조건 금지하면 형편이 어려운 사람들이 더 어려워지지 않을까요?"

"그게 바로 대금업자들이 해 온 말이기도 해요. 결과적으로 그러한 사람들의 어려운 형편을 이용해 돈을 벌어 온 셈이지요. 돈을 못 돌려받을 리스크가 크다는 이유로 더 많은 이자를 받아 왔는데 그건 지금도 그래요. 그만큼 어려운 사람들은 빌리고 나면 갚기가 더 어렵겠지요."

여명준 신부는 자신의 설명을 보충할 필요를 느꼈다.

"교회가 유저리로 보지 않는 영역이 있어요. 첫째로, 돈을 빌린 사람이 갚지 못할 때 그 사람이 미리 내놓은 담보를 처분하고 끝나면 유저리로 보지 않아요. 단, 담보를 내놓았어도 담보에서 그치지 않고 다시 개인에게 부족한 돈을 요구할 수 있다면 여전히 유저리예요.

둘째로, 돈을 빌리는 주체가 사람이 아니고 회사면 유저리로 보지 않아요. 교회가 유저리를 반대하는 이유는 그게 사람을 옭아매어 노예로 만드는 수단이기 때문이지요. 회사는 사람들의 편의를 위해 만들어 놓은 가상의 존재니까 그런 걱정을 할 필요가 없어요."

서연이는 어슴푸레 유저리인 것과 유저리가 아닌 것의 차이를 느꼈다.

"무슨 생각에서 교회가 돈놀이를 금지하는지는 알 것 같아요. 그런데 유대인들은 구약에서 이자를 받지 말라고 하는데도 왜 고리대금업을 한 걸까요?"

"그건 그들이 예수님과 신약 성서를 인정하지 않기 때문이에요. 동족이 아닌 이방인에게는 이자를 받아도 좋다는 구약의 구절을 근거로 유대인이 아닌 사람들에게 돈놀이를 한 거지요. 예수님은 이자는 물론이고 원금도 받을 기대하지 말고 어려운 사람들을 도와주라고 하셨어요."

어느덧 여명준 신부의 다른 일정 시간이 되었다. 수녀님과 함께 방을 나가는 서연이에게 여명준 신부는 약속했던 금융 문제를 알려 주었다.

"자매님, 아빠에게 시겔의 역설에 대해 가르쳐 달라고 얘기해 보세요. 금융의 숨겨진 비밀을 배우기에 그보다 더 좋은 문제는 없을 것 같아요."

6
장

포르쉐와 에르메스 주가가 올랐는데
왜 나는 손실을 봤지?

10월 중순의 토요일이었다. 민준이를 비롯한 여섯 명의 아이들은 오늘 국제금융올림피아드 준비를 위한 수업이 있었다. 민준이는 학교에 가는 평일보다는 늦게 일어났다. 수업 시간 자체가 중학교보다 늦기도 했지만, 차로 데려다주겠다는 엄마의 성화에 결국 손을 들어버렸기 때문이었다.

오늘 수업은 변소올 교수가 진행할 예정이었다. 변소올 교수의 전공 분야는 일반적인 경영학이나 경제학에 속하는 금융이 아니었다. 그의 박사학위 논문 주제는 이른바 수리금융 혹은 금융수학이었다. 금융수학은 미적분과 확률을 결합한 수학의 한 분야였다. 대한금융학회는 국제금융올림피아드를 준비하는 데에 통상의 금융학보다는 고차원의 금융수학이 더 효과적이라고 생각했다. 그게 변소올 교수

93

가 뽑힌 이유였다.

수업에 나타난 변소올 교수는 첫마디부터 튀었다.

"너희들, 내 소문을 들었겠지만 난 별로 친절한 사람이 아니야. 즉 공부가 안되는 학생들은 무시당해도 할 말이 없다고 봐. 나는 대학에서 강의할 때도 학생이 강의를 따라오지 못하면 까칠하게 혼내곤 하지. 모두 각오를 단단히 다져야 할 거야."

변소올 교수는 한국에서만 공부한 교수였다. 그는 자기가 다닌 학교 중에 과학고를 유독 자랑스러워했다. 들어가기 가장 어렵다는 이유였다. 그가 보기에 과학고를 나온 것과 나오지 않은 것 사이에는 극복할 수 없는 심연이 존재했다. 즉 변소올 교수는 선민의식으로 가득 찬 사람이었다.

"너희들이 전국금융경시대회에서 좋은 성적을 거둬서 선발되었다고 들었다. 나는 그게 너희들의 한계일 가능성이 크다는 판단을 내렸어. 그간의 지식과 경험을 넘어서야 세계 수준에서 경쟁이 가능해진다는 거지."

아이들은 변소올 교수의 말이 가슴에 잘 와닿지 않았다. 특히 변소올 교수 못지않은 엘리트주의자인 최우진은 변소올 교수가 마뜩잖았다. 인터넷에서 찾아본 그의 이력이 특별하지 않다고 생각해서였다. 최우진은 방자한 말투로 물었다.

"그게 무슨 뜻이죠? 저를 필두로 저희가 한국에서 제일 금융을 잘 아는 중학생인 건 검증된 사실인데요."

"너희가 전국금융경시대회에서 모의로 한 금융거래에는 무슨 종류가 있었지?"

최우진은 별걸 다 묻는다는 표정으로 다른 아이들을 둘러봤다. 이선호와 박태윤이 동의한다는 눈빛을 보내왔다.

"모든 종류의 금융거래가 있었죠. 주식과 아파트는 물론이고 예금과 연금도 있었고요. 돈을 빌리는 것과 사업을 하는 것도 가능했어요. 이만하면 모든 게 망라된 거 아닌가요?"

변소올 교수는 하잘것없다는 듯 대답했다.

"그래 봤자 다 한국에서 거래되는 것일 텐데?"

최우진은 허를 찔렸다. 변소올 교수가 무슨 뜻에서 그런 말을 했는지 짐작하지 못할 정도로 최우진이 바보는 아니었다.

"테슬라나 애플 같은 외국 주식을 거래하지 않은 건 맞아요. 고를 수 있는 선택지에 포함되어 있지 않았거든요."

"그거까지 포함됐다고 해서 너희의 근본적인 한계가 갑자기 사라지는 건 아니지. 국제금융올림피아드라면 전 세계 학생들이 실력을 겨루는 자린데 자기 나라로만 한정된 지식으로 승부를 볼 수는 없잖아. 남들은 날고 길 텐데. 단순히 외국에서 들어온 이론만으로는 그들을 넘어설 수 없어. 그들 뒤나 겨우 쫓아갈 뿐이지. 우리 고유의 관점을 가져야 한다는 얘기야."

역시나 변소올 교수는 까칠했다. 아이들은 입술을 삐죽거렸다. 반론을 펴고 싶어도 마땅히 할 말이 없었다. 최우진은 속으로 '칫, 외국에서 검증받은 적 없기는 마찬가지인 주제에 왜 우리한테 난리래?' 하고 생각했다.

변소올 교수의 방금 전 말에 가장 심기가 불편해진 아이는 최우진이 아니었다. 보편적인 원리를 중요하게 여기는 박태윤이었다. 고대 그리스의 시 중에 '여우는 많은 것을 알지만 고슴도치는 큰 것 하나만 안다'는 게 있었다. 이를테면 박태윤은 여우와 고슴도치 중에서 고슴도치에 훨씬 가까웠다. 결국 분을 참지 못한 박태윤이 손을 들고 물었다.

"미국의 금융학이 제일 앞서 있는 건 당연한 거 아니에요? 그리고 그게 법칙인 이상 미국이든 한국이든 상관없이 성립되는 거잖아요. 그런 미국의 금융 이론을 잘 따라 배우는 게 우리에게 필요한 거 아닌가요?"

변소올 교수의 눈초리가 치켜 올라갔다. 비슷한 이야기를 했다가 변소올 교수에게 혼쭐난 사람들이 그동안 한둘이 아니었다. 당장 호통을 치지 않는 것만으로도 그로서는 많이 참는 중이었다. 여하튼 상대는 어른이 아닌 중학생일 뿐이었다.

"금융학 중에 제일 최첨단 분야가 뭔지 아나?"

아이들은 입을 열지 못했다. 단편적인 금융 지식을 여기저기서 되는대로 흡수했을 뿐 제대로 된 금융 공부를 한 적은 없었기 때문이었다. 변소올 교수도 아이들이 대답할 거라 기대하고 묻지는 않았다.

"당연히 잘 모르겠지. 내 입으로 이렇게 얘기하기는 그렇지만 바로 내가 전공한 금융수학이다. 금융수학이 1970년대에 미국에서 처음으로 생겨나면서 미국이 전 세계 금융을 선도하는 자리에 오르게 된 거다."

아이들은 얼떨떨한 반응을 보였다. 금융의 최첨단 분야를 미국이 최초로 개발하고 이끌고 있다는 말은 들어도 이상할 게 없었다. 금융수학이 뭔지는 잘 모르겠지만 수학을 이용해서 하는 금융일 거라는 짐작은 가능했다.

문제는 맥락이었다. 박태윤의 반발을 듣고 한 말이니 미국의 금융학이 최고라는 말에 반대되는 이야기여야 마땅했다. 변소올 교수가 한 이야기는 그렇지 않았다. 아니나 다를까, 변소올 교수의 이야기는 거기서 끝나지 않았다.

"그러면 금융수학이 주춧돌로 삼은 수학 이론이 어디서 나왔는지 아냐? 다시 말해 이 사람이 없었다면 오늘날의 금융수학은 아예 존재할 수조차 없었다."

잠시 뜸을 들인 후 변소올 교수는 과장된 몸짓으로 강의를 계속했다. 변소올 교수가 이야기하려는 사람이 미국 사람은 아닐 거라는 아이들의 예상은 틀리지 않았다.

"그 사람의 이름은 이토 기요시. 1915년 일본 미에현에서 태어나 1938년에 일본 최고의 수재만 갈 수 있다는 도다이, 즉 도쿄제국대학 수학과를 졸업했어. 당시 일본은 자신들이 1년 전에 일으킨 중국 침략 전쟁에 한창 몰두 중이었지.

이어 이토 기요시는 총무성 통계국의 공무원이 되었어. 그는 공무원으로 일하면서 도쿄제국대학에서 박사 과정을 병행했는데 1941년 일본이 미국을 상대로 태평양전쟁을 일으킨 거야. 그 직후인 1942년 이토 기요시는 '마르코프 과정을 결정하는 미분방정식'이라는 제목의 논문을 일본어로 발표했지. 그 논문이 바로 금융수학의 핵심인 확률미적분의 출발점이다. 이토 기요시는 태평양전쟁이 끝나기 직전인 1945년에 박사학위를 받았어. 그는 박사학위를 받을 때까지 외국에 나가 공부한 적이 없었지. 일본인이 했다면 한국인이 못할 이유가 없어."

아이들은 변소올 교수가 사용하는 용어가 어려웠다. 그럴 만했다. 수학을 어느 수준 이상으로 배우지 않았다면 심지어 금융을 전공했다는 어른들도 낯설게 느낄 용어였다. 아이들은 변소올 교수가 이토 기요시라는 수학자를 숭배한다는 사실을 짐작할 따름이었다.

변소올 교수는 아이들의 침묵을 자신에 대한 존경심으로 간주했다. 단순히 외국의 것을 베끼는 것에 만족하지 말고 고유한 원리를 개발하려고 해야 한다는 자기 생각이 이만하면 충분히 전해졌다고 본 거였다. 이제 본론으로 들어갈 차례라고 변소올 교수는 생각했다.

"너희 여섯 명의 현재 수준을 파악하기 위한 질문을 하나 하지. 내가 최근 데이터를 조금 찾아보고 왔다. 이건 금융수학 근처도 못 간 아주 기본적인 내용이다.

포르쉐는 너희가 잘 아는 독일 자동차 회사다. 증권거래소에 상장된 포르쉐 주식은 기본적으로 미리 정해진 업무 시간 동안에만 거래가 가능하다. 종가란 주식 시장의 거래가 종료될 때의 주가다. 달리 말해 그날 주가의 대표 격이다.

2023년 4월 27일에 포르쉐 주식 종가가 113.5였다. 그로부터 약 한 달 반 후인 2023년 6월 13일, 포르쉐 주식 종가는 118.35였다. 그렇다면 한국 사람인 너희가 2023년 4월 27일에 포르쉐 주식 10주 사서 2023년 6월 13일에 팔았다면 너희 돈이 불어났을까?"

아이들은 머리를 싸맸다. 어려워서는 아니었다. 변소올 교수가 낸 문제는 너무 쉬웠다. 처음 주가보다 나중 주가가 높은 건 틀림없는 사실이었다. 그렇다면 돈이 불어나야 마땅했다. 하지만 그게 전부일 것 같지는 않았다. 아이들은 쉽사리 대답을 내놓지 못했다.

"왜 대답을 못 하지? 너무 뻔한 거 아니냐? 다른 예를 하나 더 주마. 에르메스는 프랑스 패션 회사다. 아까 포르쉐와 같은 날인 2023년 4월 27일의 에르메스 주식 종가는 1,974.4였다. 마찬가지로 2023년 6월 13일의 종가는 1,981.8이었다. 해당 시기 동안 너희가

99

에르메스 주식 1주를 샀다가 팔았다면 어떻게 됐을까?"

변소올 교수가 새로 낸 문제는 회사만 달라졌을 뿐 조금 전과 성질이 같았다. 마치 너희가 얼마나 아는 게 없는지 깨달으라고 윽박지르는 것 같았다. 아이들은 여전히 아무 말도 하지 못했다.

민준이는 질문의 올바른 답이 돈이 불어나지 않았다는 쪽일 거라고 직감했다. 말하자면 겉으로 보이는 게 전부가 아니라는 의도에서 나온 질문일 듯했다. 어떨 때 돈이 줄어들 수 있을까를 생각하다 보니 지난 시간에 주영무 장학사가 한 설명이 떠올랐다. 주영무 장학사는 나라마다 돈이 다 다르다고 설명했었다. 바로 그때 엄서진이 나지막이 입을 열었다.

"포르쉐가 독일 회사고 에르메스가 프랑스 회사면 이들 주식은 각각 그 나라 돈으로 가격이 정해지지 않아요?"

변소올 교수는 오늘 강의 중에 처음으로 흡족한 표정을 지었다. 자기 질문에 대답하지는 않았지만, 옳은 답을 구하는 데 필요한 생각을 엄서진이 드러내 보였기 때문이었다.

"모두가 열등한 종자는 아닌가 보군. 진리에 다가가는 생각을 들었다. 독일과 프랑스 회사 주식은 예전에는 각각 독일 마르크와 프랑스 프랑이라는 돈으로 거래가 됐지만 요즘은 유로라고 하는 돈으로 거래가 이루어진다. 유로는 유럽의 대부분 국가가 공동으로 사용하는 돈이다. 그래서 조금 전에 내가 불러줬던 주가는 당연히 단위가 유로다.

좀 더 구체적으로 설명하겠다. 한국 사람은 기본적으로 가진 돈이 한국 돈인 원이다. 버는 돈과 쓰는 돈이 원이기 때문이다. 한국이라는 나라에 사는 이상 이를 근본적으로 피할 방법은 없다. 이를 가리켜 회계 통화 혹은 보고 통화라는 용어도 쓴다. 그렇다면 너희가 유럽 주식을 사려면 뭘 먼저 해야겠냐?"

얼마 안 되어 아이들은 이구동성으로 대답했다.

"유로가 필요해요."

"유로를 사야 해요."

"한국 돈을 팔아서 유로를 구해야 해요."

변소올 교수는 고개를 까닥였다.

"그렇다. 유로가 필요한 데 너희가 가진 돈은 원밖에 없다. 그러므로 원을 팔아서 유로를 사야 한다. 달리 말해 1유로를 사는 데 얼마나 많은 원이 드는지가 관건이다. 원으로 사고파는 1유로의 가격을 가리켜 유로–원 환율이라고 부른다. 즉 유로로 거래되는 주식을 한국 사람이 사려면 유로–원 환율이 문제가 된다.

2023년 4월 27일의 유로–원 환율은 1,476.32였다. 그러므로 포르쉐 10주를 사는 데에 필요한 원은 10×113.5×1,476.32인 약 168만 원이다. 숫자가 지저분해 보이지만 이 계산은 그저 산수의 영역에 속한다. 그러면 주식을 판 6월 13일의 유로–원 환율은 너희에게 문제가 되겠냐, 안 되겠냐?"

아이들의 대답은 곧장 나왔다.

"문제가 돼요."

"맞다. 포르쉐 주식을 팔았을 때 유로로는 돈이 불었다. 유로로 매겨진 주가가 올랐기 때문이다. 그런데 그날의 유로 - 원 환율은 1,366.54였다. 즉 되돌아온 원은 10×118.35×1,366.54인 약 162만 원이다. 약 6만 원이 줄어든 거다.

에르메스도 스토리가 다르지 않다. 같은 기간 동안 에르메스 주식의 주가는 유로 관점에서는 올랐다. 반면 에르메스 1주를 사는 데 든 돈은 1×1,974.4×1,476.32인 약 291만 원, 그 1주를 나중에 팔아서 생긴 돈은 1×1,981.8×1,366.54인 약 271만 원이다. 결과적으로 20만 원 이상의 돈이 없어지고 말았다.

내가 하려는 이야기를 정리해 보겠다. 금융의 범위를 국내로 한정한다면 기존 이론으로 충분하다. 리스크와 수익 사이의 관계 같은 거 말이다. 하지만 금융의 범위가 해외로 넓어지면 다시 이론을 세워야 한다. 내 돈은 단지 주가에만 달려 있지 않고 거기에 환율을 곱한 값에 달려 있다. 수식만 놓고 보자면 주가가 환율보다 더 중요하다고 이야기할 수는 없다."

아이들은 변소올 교수의 설명이 쉽게 이해되었다. 변소올 교수의 말대로 위 수식은 초등학교 3, 4학년이면 알아듣고도 남을 산수에 지나지 않았다. 오히려 그게 문제라면 문제였다. 이야기의 흐름으로 볼 때 저 너무 뻔해 보이는 수식을 다루는 이론이 미국에서 만들어진 금융학에는 없다는 얘기였다. 김윤재는 그러한 상황이 좀체 이해되지 않았다.

"교수님, 금융학에는 방금 얘기하신 수식이 없나요?"

"없어. 주가와 환율을 곱한다는 개념 자체가 없다."

"어떻게 그럴 수가 있죠?"

변소올 교수는 쓴웃음을 삼키며 설명했다.

"몇 가지 이유가 있어. 첫째로, 미국 금융학계는 전반적으로 해외에 큰 관심이 없다. 그들은 해외와 관련된 금융을 가리켜 국제 금융이라고 부르지. 국제 금융은 미국에서 중요하게 취급하는 주제가 아니야. 자국 내 금융시장이 워낙 큰 탓에 미국 내에서 성립하는 이론을 찾는 걸로 충분하다고 생각하는 거다.

둘째로, 그들은 그 개념을 불편해하고 싫어한다. 말하자면 그냥 눈을 감고 싶은 거지. 왜냐하면 그들은 금융에서 가격이 리스크의 크기에 의해 결정된다는 이론을 철칙으로 여긴다. 좀 더 엄밀하게는 수익률이 리스크에 비례한다는 거지만 수익률과 가격 사이에는 일정한 관계가 있으니 마찬가지다. 그런데 곱해지는 환율의 존재가 당최 난처한 거야."

이번에는 엄서진이 아까와 비슷하게 나직한 목소리로 질문했다.

"환율에 대한 이론은 없나요?"

"환율을 연구 대상으로 삼는 분야가 있기는 있는데 금융학이 아니고 경제학에 속한다. 그런데 그걸 하는 사람이 몇 명 안 돼. 왜냐하면 거기가 일종의 지뢰밭이거든. 환율을 예측하는 몇 가지 이론을 내놓았지만 실제 환율과 도대체 안 맞는 걸로 유명하지. 실제 환율은 특별한 이유 없이 오르락내리락을 반복한다. 달리 말해 환율은 어떤 리스크에 비례한다고 이야기하기 어려운 대상이야. 그들도 그걸 알기 때문에 건드리고 싶지 않은 거다."

듣고만 있던 민준이도 변소올 교수에게 물어보고 싶은 게 생겼다.

"교수님, 미국인이 다른 나라 회사의 주식, 그러니까 포르쉐나 삼성전자 같은 주식을 사는 일이 없나요?"

"왜 없겠냐? 미국 금융회사 중에는 해외만 전문으로 하는 곳도 꽤 있다. 미국 전체로서는 작은 비율이지만 외국 입장에서는 그게 자기네 금융시장을 휘청거리게 만드는 큰돈이기 쉽다. 미국에서 돈이 들어올 때는 주가가 오른다고 좋아하다가 갑자기 예상치 못했던 시점에 돈을 빼가면 오른 것 이상으로 주가가 폭락해서 큰 문제가 되곤 하지."

"그러면 포르쉐 주식을 산 미국인은 환율을 어떻게 해요? 그냥 무시한다고 해서 환율의 효과가 사라지는 건 아닐 것 같은데요."

변소올 교수는 민준이를 응시하며 말했다.

"말 잘했다. 무시한다고 해서 너희도 직접 본 환율의 영향이 어디로 사라지지는 않는다. 미국 금융학계는 다음의 방법으로 이 문제에 접근한다. 즉 주가와 환율 사이의 상관관계를 살펴보는 거다.

예를 들어, 포르쉐 주가와 유로-미국 달러 환율이 서로 무작위로 변한다면 둘 사이에는 이른바 다각화의 혜택이 있다고 생각할 수 있다. 다각화의 혜택이란 비유하자면 마치 바구니에 계란 하나만 담지 말고 여러 개를 담는 일과 같다. 하나만 담았을 때는 그 하나가 깨지면 모든 걸 잃지만 여러 개를 담으면 그중 일부는 건질 수 있는 원리다. 말하자면, 포르쉐 주가가 제자리여도 유로-미국 달러 환율이 올라서 결과적으로 돈을 불릴 때도 있다."

엄서진은 변소올 교수의 설명이 완전히 만족스럽지 않았다.

"그렇지만 아까 알려주신 사례처럼 포르쉐 주가가 올랐는데 유로-미국 달러 환율이 더 떨어져서 돈이 줄어들면 어쩌죠?"

변소올 교수는 얼굴을 찡그렸다. 엄서진의 질문이 마음에 들지 않는 눈치였다.

"다각화의 혜택은 통계적으로 이익이 된다는 거지, 모든 상황에 적용이 된다는 의미는 아니다. 이걸 내가 수학적으로 증명할 수 있지만 너희 수준에선 아직 알기 어려운 내용이다."

엄서진은 더 이상 묻지 않았다. 변소올 교수는 큰 호의를 베푸는 것처럼 뻐기며 말했다.

"내가 오늘 강의를 끝내기 전에 너희에게 비법 하나를 가르쳐 주겠다. 환율의 특성에 관한 돈 불리는 비법이다. 알고 싶냐?"

"네."

"환율을 얼마가 될 거라고 예측하는 건 잘 맞지 않지만, 한 가지 만큼은 확실하다. 환율이 무한히 오르거나 혹은 무한히 떨어지지는 않는다는 점이다. 과거의 환율 데이터를 보면 이걸 확인할 수 있다. 그래서 이게 돈 불리는 확실한 방법이 된다. 유로원을 예로 들자면, 이게 너무 낮으면 유로를 사고, 이게 너무 높으면 유로를 파는 거다. 낮은 가격에 사서 높은 가격에 파니 돈이 불어날 수밖에 없지."

민준이는 고개를 갸우뚱했다. 변소올 교수의 말은 그럴싸하게 들렸지만, 어딘가 허점이 있을 것 같았다. 안타깝게도 아직 민준이에게 그게 뭔지를 꼬집을 실력은 없었다. 새로운 법칙을 알게 되어 들뜬 박태윤이 물었다.

"얼마나 과거의 데이터를 봐야 하는데요?"

변소올 교수는 거들먹거리며 대답했다.

"보통은 과거 5년의 데이터를 본다만, 나는 그 정도로는 만족하지 않지. 나는 과거 10년간의 데이터를 본다."

민준이는 유로원의 과거 10년 치 데이터를 확인해 봤다. 제일 높았을 때가 약 1,484, 제일 낮았을 때가 약 1,168이었다. 어제의 환율은 1,437.6으로 이제 유로를 팔 때라는 얘기였다. 민준이는 지금 유로를 팔면 정말 돈을 불릴 수 있는 건지 궁금했다.

$

이 바보야,
리스크 땜에 수익이 더 나는 게 아니야

지난 수업 후 2주의 시간이 지났다. 토요일인 오늘 다시 민준이는 국제금융올림피아드를 준비하는 수업이 있었다. 오늘은 또 무엇을 배우게 될까 하는 기대감으로 민준이의 마음은 한껏 부풀어 올랐다. 손병석 선생님의 권유를 받아들이지 않았다면 경험하지 못했을 기회였다. 민준이는 국제금융올림피아드에 참가하기로 결정을 내렸던 자기 자신이 대견했다.

오늘 수업의 강사는 교수가 아니었다. 외국계 은행에서 현직으로 일하는 사람이었다. 수업을 하러 온 강사는 영 피곤한 기색이었다. 새 집 지은 머리에 꾀죄죄한 몰골만 봐서는 밤을 새웠다고 해도 이상하지 않았다. 민준이는 '강사가 어제 밤늦게까지 사람들과 어울린 걸까?' 하고 생각했다. 손에 든 텀블러의 커피를 홀짝이면서도 하품을 연신 해 대던 강사는 아이들에게 참마음으로 사과했다.

"미안해요. 내가 빨간 눈 비행으로 들어와서 잠을 거의 못 잤어요."

아이들은 강사가 한 말이 신기하게 들렸다. 사근사근한 성격의 이선호가 강사에게 물었다.

"빨간 눈 비행이요? 그게 뭐예요?"

"아아, 내가 영어로 쓰는 말을 순간적으로 한국어로 옮겨서 그래요. 한국어에는 그런 표현이 없죠. 그러니까 내 말은 어젯밤 늦게 비행기를 타서 오늘 새벽에 인천공항에 들어왔다는 얘기예요. 비행기에서 잘 자는 사람도 있지만 나는 거의 못 자는 편이거든요."

"비즈니스 출장을 갔다 오신 거예요?"

"아니요. 내가 일하는 곳이 싱가포르라서요. 어제 퇴근하고 집에 가자마자 짐을 싸서 곧바로 창이공항으로 간 거였어요."

아이들은 강사가 더 신기하게 느껴졌다. 무슨 외국계 은행 서울 지점에서 일하나 보다 하고 생각했었는데 그게 아닌 싱가포르 지점이라는 얘기였다. 아이들의 질문은 꼬리에 꼬리를 물었다.

"그럼 서울에 무슨 일이 있으셨던 거예요? 일하러 나오신 건가요?"

"네. 여러분 만나러 오는 일이 있었죠. 그거 말고는 따로 없어요. 모레인 월요일 아침에 다시 출근해야 하니까 내일 오전 비행기로 다시 돌아가야 해요."

아이들은 감동했다. 중학생인 자기들 한 번 가르치자고 짧은 일정을 밤잠도 거의 못 자고 왔다니 놀라지 않을 수 없었다. 감격한 아이들의 표정이 부담스러웠는지 강사는 손사래를 쳤다.

"어우, 너무 그런 표정으로 보지 말아요. 나보다 나를 찾아내 연락한 교육청 장학사님이 훨씬 대단한 거예요. 학생들한테 최고 수준의 현실 금융을 알게 해 주고 싶다며 어찌나 성심으로 설득을 하시던지 내가 차마 거절할 수가 없었어요."

아이들 중 유일하게 최우진만 미심쩍은 표정이었다. 아무리 싱가포르에서 일한다고 해도 자동으로 금융 전문가가 되는 게 아님을 어디선가 들었기 때문이었다. 최우진은 강사에게 노골적으로 물었다.

"은행에서 어떤 역할을 맡고 있나요?"

최우진의 질문에서 숨은 가시를 감지한 강사는 자기소개를 평소보다 자세하게 해야 할 필요를 느꼈다.

"아직 내가 내 소개를 안 했죠? 간단히 내 소개를 할게요. 나는 토론토도미니언은행 싱가포르지점에서 외환 알고 트레이더로 일하고 있는 서도훈이라고 해요. 토론토도미니언은행은 캐나다의 5대 은행 중 캐나다왕립은행과 더불어 1등을 다투는 은행이에요."

최우진은 강사의 자기소개가 완전히 눈에 차지 않았다. 강사가 다니는 은행이 자기가 못 들어 본 곳인 까닭이 컸다. 만약 강사의 직장이 최우진이 이름을 아는 미국의 투자은행인 골드만삭스나 제이피모간이었다면 어느 정도의 존경심이 생겼을지도 몰랐다. 그럼에도 아예 효과가 없었던 건 아니었다. 최우진은 외환 무슨 트레이더라는 말에 살짝 주눅이 들었다. 외환 트레이더가 아무나 될 수 있는 게 아니라는 걸 알고 있었기 때문이었다.

대표적인 예가 조지 소로스였다. 소로스는 양자역학에서 영감을 얻은 자신의 헤지펀드 퀀텀펀드로 천문학적인 재산을 갖게 된 사람이었다. 그가 더욱 눈에 띄는 이유는 그렇게 늘어난 돈 대부분을 일명 '열린사회재단'에 기부해 엄청난 규모로 박애사업을 벌이기 때문이었다. 소로스의 개인 재산은 현재 약 10조 원인 반면 지금까지 열린사회재단에 기부한 돈은 38조 원이 넘었다. 그중 약 18조 원은 이미 다양한 박애사업에 사용되었고, 매년 재단이 지출하는 돈만도 약 2조 원에 달했다. 그러한 소로스가 바로 외환 트레이딩으로 돈을 불렸다.

강사가 한 이야기를 완벽하게 못 들은 건 최우진만이 아니었다. 김윤재가 질문했다.

"외환 무슨 트레이더라고 하셨죠? 외환을 잘 알고 있는 트레이더라는 뜻인가요?"

김윤재의 질문을 들은 강사는 웃겨서 거의 고꾸라질 뻔했다. 자기의 말이 그렇게 들릴 거라고는 상상도 하지 못했기 때문이었다.

"아아, 그게 그렇게 들리는군요. 알고^{algo}는 영어 알고리즘^{algorithm}의 준말이에요. 알고 트레이더는 알고리즘을 짜서 트레이딩을 하는 사람을 가리키지요."

민준이는 강사 입에서 나온 알고리즘이라는 단어가 반가웠다. 프로그래밍을 좋아하는 민준이에게는 익숙한 개념이었다. 물론 모든 아이가 민준이 같지는 않았다. 알고리즘이라는 말이 생소했던 이선호는 눈치를 살피며 물었다.

"알고리즘이 뭔가요?"

"알고리즘은 어떤 문제를 해결하기 위한 일련의 절차나 명령을 나타내는 말이에요. 컴퓨터 프로그램은 알고리즘들을 적절하게 모아놓은 집합이라고 볼 수 있지요. 말이 나온 김에 알고리즘이라는 말이 어디서 나왔는지 혹시 아는 사람 있어요?"

강사는 아이들을 둘러보며 대답을 기다렸다. 아무도 나서지 않자 강사는 말을 계속했다.

"알고리즘은 8세기의 아랍인인 무하마드 알콰리즈미의 성에서 따온 말이에요. 알콰리즈미는 수학 역사에서 한마디로 엄청난 발자취를 남긴 사람이지요. 그는 이차방정식의 해법을 최초로 제시했고 더하기, 빼기, 곱하기, 나누기라는 이른바 사칙연산의 체계를 수립했으니까요. 대수, 즉 숫자 대신에 문자를 사용해 해를 구하는 수학 분야를 가리키는 단어가 영어로 앨지브러인데, 그 단어도 알콰리즈미가 쓴 책 이름에서 나온 거예요.

그뿐만이 아니죠. 원래 서양은 십진법이나 0의 존재도 몰랐어요.

그걸 배우게 된 책이 바로 알콰리즈미가 쓴 책이었지요. 사람들이 잘 모르지만 아라비아 숫자를 쓰는 십진법을 나타내는 영어 단어가 또 알고리즘이에요. 앞에서 말한 문제를 해결하기 위한 일련의 절차가 algorithm이라면 십진법은 algorism이거든요. 철자는 약간 다르지만 둘 다 알콰리즈미라는 성에서 나온 거지요.

그러니까 지금은 그토록 아랍을 미워하고 박해하지만, 서양인들이 오늘날 쓰는 숫자와 수학 그리고 컴퓨터 프로그램까지 그 뿌리는 아랍에서 오지 않은 게 없어요. 알콰리즈미가 살던 곳이 지리적으로는 지금의 이라크고 역사적으로는 페르시아, 즉 오늘날의 이란이니까요."

아이들은 강사의 이야기에 빠져들었다. 금융 전문가라고 생각했는데 수학 이야기가 술술 흘러나오니 또다시 신기했다. 붙임성 좋은 이선호가 여러 가지를 줄줄이 물었다.

"대학 때 전공은 뭐 하셨어요? 경영학이나 경제학 아니신가요? 공부는 어디서 하셨어요?"

괜히 미안해하며 강사가 대답했다.

"대학 전공이요? 난 수학과를 졸업했어요, 한국에서 대학을 나왔고요."

"헉, 그런데 어떻게 외국계 은행에서, 그것도 싱가포르에서 일하게 되신 거예요?"

"학부를 마치고 공부가 더 하고 싶어서 미국으로 유학을 갔어요. 프린스턴대학 철학과에서 박사학위를 받았지요. 그 후에 웰스파고은 행 뉴욕 지점에서 일하게 되었어요. 그러다가 지금 직장으로 옮기게 된 거예요."

아이들은 벌린 입을 다물지 못했다. 학부 때 수학을 공부한 사람 이 다른 전공인 철학으로, 그것도 이름난 프린스턴대학에서 박사학 위를 받았다는 게 믿기지 않았다. 레거시 입학 등으로 얼룩지는 학부 와는 달리 미국의 대학원은 공부가 되고 또 하고 싶은 사람만 갈 수 있는 곳이었다. 뭔지 모르게 서도훈 박사가 존경스러워진 이선호는 일종의 팬심이 폭발했다.

"와, 어떻게 철학 박사가 금융계에서 일자리를 얻을 수 있죠? 정 말 놀라운데요!"

"프린스턴대학 철학과에서 내가 공부한 분야는 논리학과 확률이 에요. 내 박사 지도 교수가 캘리포니아 버클리대학에서 논리학으로 박사를 한 분이셨거든요. 철학을 했다고 해서 금융을 모른다고 볼 필 요는 없을 것 같아요. 혹시 조지 소로스라는 유명 헤지펀드 매니저를 들어 봤나요? 소로스의 학사와 석사 학위가 바로 철학이에요. 런던정 치경제대학에서 20세기를 대표하는 철학자인 칼 포퍼에게 배웠죠."

서도훈 박사의 자기소개는 이걸로 충분했다. 그예 서도훈 박사는 원래 준비해 왔던 말을 끄집어냈다.

"내가 오늘 강의를 맡기로 할 때 내건 조건이 사실 하나 있었어요. 그게 충족되지 않으면 강의를 하지 않을 생각이었죠."

"그게 뭐였는데요?"

"그건 바로 무엇을 가르칠지는 내가 자유롭게 정하고 싶다는 거였죠. 교육청이 구시대적인 생각으로 정한 주제를 이야기하면서 내 소중한 시간을 쓰고 싶지는 않았거든요. 다행하게도 장학사님께서 흔쾌히 허락해 주셔서 이 자리에 오게 되었지요. 그런데 막상 허락을 받고 보니 고민이 많이 되더라고요. 여러분이 국제금융올림피아드에 나가서 만나게 될 만한 문제가 뭐가 있을까 하나씩 따져 본 끝에 결국 이 주제를 골랐어요."

아이들의 기대감은 더욱 커졌다. 얼마나 멋진 주제일까 궁금한 나머지 손에 땀이 날 정도였다.

"내가 이야기하려는 주제는 바로 리스크와 수익의 관계예요."

몇몇 아이들은 실망한 티가 났다. 리스크와 수익의 관계는 2주 전 변소올 교수도 스치듯 지나가며 언급한 주제였다. 변소올 교수는 환율이 리스크에 비례한다고 보기는 어려운 대상이라고 말했었다. 달리 말해 환율을 예외로 치면 주가 같은 금융시장 내 가격의 수익률이 리스크에 비례한다는 걸 부정하지는 않았다. 즉 변소올 교수가 보기에 수익률이 리스크에 비례한다는 생각에는 큰 문제가 없었다. 잘난 체를 멈추지 못하는 최우진이 또다시 등장했다.

"그 정도는 이미 저희도 다 알고 있는데요. 리스크와 수익률이 정비례하는 관계고, 또 리스크가 커져야 수익률도 올라가는 거잖아요. 게다가 저희는 지난번에 그 관계가 성립한다고 보기 어려운 대상에 환율이 있다는 것도 배웠어요. 더 얘기할 게 뭐가 남아 있죠?"

서도훈 박사는 일하면서 최우진처럼 이야기하는 사람을 수없이 만나봤다. 경영학과와 경제학과에서 그렇게 가르친다는 것도 잘 알고 있었다. 그게 바로 서도훈 박사가 귀중한 오늘의 수업 시간을 이 주제에 할애하기로 결심한 이유였다.

"금융학을 배운 사람에게 뭔가 들은 모양이군요. 좋아요, 그러면 하나씩 차례대로 같이 검토해 볼까요? 어때요, 괜찮죠?"

그냥 무조건 외우라는 것도 아니고 하나씩 같이 검토해 보자는데 싫다고 말할 이유는 없었다. 최우진까지 포함해 아이들은 모두 좋다고 대답했다.

"먼저 수익률을 모르는 사람은 없겠지요? 혹시 있으면 얘기해요, 금방 알려 줄게요."

아무도 모른다고 말하지 않았다. 그렇지만 서도훈 박사는 그간의 경험상 답에 자신이 없는 사람이 있기 마련이라는 걸 알았다.

"모두 다 잘 알겠지만 내가 한 번 더 이야기해 줄게요. 수익률은 가격으로부터 나와요. 금융학에서 쓰는 가장 일반적인 수익률은 나중 가격에서 처음 가격을 뺀 값을 처음 가격으로 나눈 값이에요. 처

117

음 가격으로부터 얼마나 변했나를 백분율로 나타난다고 해서 백분율 수익률 혹은 퍼센티지 수익률이라고 하지요."

아이들 표정을 살피면서 서도훈 박사는 다음 이야기로 넘어갔다.

"다음은 리스크^{risk} 차례겠지요? 리스크가 뭔지 아는 사람 있어요?"

서도훈 박사가 좋아진 김윤재가 씩씩하게 대답했다.

"리스크는 위험 아닌가요?"

"맞아요. 영어 사전에서 리스크를 찾으면 위험 혹은 위험 요소 같은 뜻이 나와요. 리스크라는 말이 영어 단어가 된 건 비교적 근대의 일이에요. 17세기에 프랑스어 리스크^{risque}를 베꼈거든요. 철자가 영어와 조금 다른 프랑스어 리스크는 이탈리아어 리스코에서 건너왔고요. 이탈리아어 리스코^{risco}는 가파른 해안가 절벽을 뜻했어요. 이탈리아 사람들이 지중해 항해를 할 때 폭풍우를 만나 절벽에 부딪혀 배의 침몰을 겪는 걸 가리키는 말이었죠. 쉽게 말해 폭삭 망하는 위험을 나타내는 말이었던 거예요."

민준이는 서도훈 박사의 설명이 낯설지 않았다. 민준이는 금융경시대회 때 손병석 선생님에게 금융에서 리스크가 손해를 볼 가능성이라고 배운 적이 있었다. 원래 항해 중 절벽에 부딪혀 침몰할 위험을 뜻하는 말이었다는 서도훈 박사의 설명이 쏙쏙 귀에 들어왔다.

"그런데 말이에요, 금융학은 리스크를 그렇게 정의하지 않아요.

118

금융학이 리스크를 정의하는 가장 대표적인 방식은 수익률이 일정하지 않고 변하는 성질이에요. 쉽게 말해 수익률의 표준편차를 리스크로 본다는 얘기지요."

서도훈 박사는 돌다리도 두드려 보고 건너는 심정으로 설명을 추가했다.

"혹시 표준편차가 뭔지 알까요? 중학교 3학년 2학기 때 배울 건데, 표준편차는 평균과 측정값의 차이, 즉 편차를 제곱해서 다 더한 후 측정값의 개수로 나눈 값이에요. 달리 말해 편차의 제곱 평균인 셈이죠. 평균이 뭔지는 다 알죠?"

아이들은 모두 그렇다고 대답했다.

"표준편차를 실제로 어떻게 구하는지 숫자 예로 설명해 볼게요. 수익률을 재 봤더니 1퍼센트와 5퍼센트의 두 값이 나왔다고 해 보죠. 먼저 수익률의 평균을 구해야 하는데, 1 더하기 5 하면 6이 나오고 이걸 수익률 개수인 2로 나누면 3퍼센트가 되죠. 편차는 1 빼기 3인 마이너스 2와 5 빼기 3인 2의 두 값이 있고 이들을 각각 제곱해 더하면 8이 되죠. 그걸 다시 수익률 개수인 2로 나누면 4가 되는데, 그 4의 제곱근인 2퍼센트가 표준편차예요. 개별 수익률들이 수익률 평균으로부터 평균적으로 2퍼센트만큼 변한다는 뜻이지요. 즉 여기서 리스크는 2퍼센트예요. 이러한 값을 두고 변동성이라는 이름으로도 불러요."

아이들 모습에 겉으로 드러난 특별한 변화는 없었다. 선행 학습을 한 덕분인지 표준편차의 개념이나 계산을 낯설어하는 아이는 없는 듯했다.

"그러면 리스크와 수익률 사이에 비례하는 관계가 정말로 있을까요? 실제 데이터를 모아 보면 어리둥절해지죠. 수익률과 변동성으로 구성된 좌표평면 위에 점들을 찍어 보면 온 평면에 확 퍼져 있는 모양새거든요. 정직한 사람이라면 그 분포를 보고 리스크와 수익률 사이에 특별한 관계가 없다고 얘기하는 게 정상이겠죠."

아이들은 웅성대며 서로를 돌아보기 시작했다. 전혀 생각하지 못한 폭탄이 펑 떨어진 셈이었다. 금융경시대회 때 정식으로 금융학을 배운 아이일수록 더욱 당혹했다. 그런 아이들이 제일 먼저 배웠던 금융 이론이 바로 수익률이 리스크에 비례한다는 이론이었다. 그건 영어를 처음 배울 때 익히는 알파벳 같은 거였다. 최우진이 다시 서도훈 박사에게 덤벼들었다.

"그럴 리가요. 뭔가를 잘못 알고 계신 것 같군요. 저는 그 관계를 보여주는 표도 본 적이 있는걸요."

"아, 표요? 투자론 교과서에 나오는 표 얘기겠지요? 예금보다 채권이, 또 채권보다 주식이 평균 수익률과 변동성이 둘 다 높더라는 거잖아요."

"네, 맞아요. 그러면 리스크와 변동성 사이의 비례 관계가 증명된 거잖아요."

아이들은 흥미진진하게 둘 사이의 대화를 지켜봤다. 서도훈 박사는 침착하게 말했다.

"그런데 말이에요, 그렇게 채권 혹은 주식처럼 뭉뚱그려 보지 않고 각각의 주식을 보면 왜 그 관계가 보이지 않을까요?"

"네? 무슨 얘기죠?"

"최우진 학생이 본 표는 주식 전체와 채권 전체에 대해 평균을 내서 얻은 표예요. 거기선 마치 리스크와 변동성 사이에 비례 관계가 있는 것처럼 보이죠. 하지만 개별 주식들에 대해 구해 보면 그런 관계가 사실상 사라진다는 거예요. 아까 내가 얘기한 것처럼 그냥 잔뜩 흩뿌려진 결과가 나올 뿐이거든요. 평균을 구한 후 그걸로 함부로 결론을 내리면 안 되는 이유에 대해선 『억만장자가 되려면 대학을 중퇴해야 할까』라는 책에 잘 나와 있어요."

할 말이 없어진 최우진은 입술을 깨물었다. 자기가 개별 주식의 결과를 본 적이 없는 건 사실이었다. 최우진은 어지러움을 느꼈다. 서도훈 박사의 이야기는 아직 끝나지 않았다.

"사실 방금 내가 했던 얘기는 지금부터 할 얘기에 비하면 사소할 수 있어요. 수익률이 리스크에 비례한다는 금융 이론은, 그게 실제로 성립하느냐 하지 않느냐를 떠나서, 잘못된 방식으로 이해된다는 점이에요. 즉 마치 더 높은 수익이 더 큰 리스크에서 나온다는 식으로 이해하는 거지요. 쉽게 말해 상관을 관찰한 후 그렇기 때문에 인과가 존재한다고 결론짓는 셈이에요."

주의 깊게 서도훈 박사의 이야기를 듣던 엄서진이 물었다.

"상관과 인과가 무엇인지 좀 더 설명해 주실 수 있나요?"

"그럼요. 상관은 통계적으로 관찰하고 계산할 수 있는 성질이에요. 두 변수가 같이 움직이는 경향이 있으면 상관이 크다고 말해요. 반면 인과는 원인과 결과를 줄인 말이에요. 통계학 강의에서 반드시 나오는 격언이 있는데 그건 '상관은 인과를 의미하지 않는다'예요. 그런데 막상 통계학을 가져다 쓰는 분야에서 위 격언을 무시하는 일이 벌어지는 거지요."

"리스크가 클 때 수익률이 높으면 리스크가 수익률을 만든다고 볼 수 있는 거 아니에요?"

최우진은 끝까지 저항했다. 서도훈 박사는 여유롭게 되물었다.

"내가 문제를 하나 낼게요. 여름에 아이스크림을 더 많이 먹죠. 또 물에 빠지는 사고 건수도 늘어나고요. 즉 아이스크림 소비량과 물놀이 사고 건수 사이에는 강한 상관이 존재해요. 그렇다고 물놀이 사고 건수를 줄이기 위해서 아이스크림을 덜 먹자거나 혹은 아이스크림을 덜 먹기 위해 물놀이 사고를 줄이자고 하면 말이 되겠어요? 웃음 거리가 될 뿐이죠. 상관은 있어도 인과가 없기 때문이에요. 즉 상관을 관찰했다고 해서 그게 인과가 있다는 증거가 될 수는 없어요. 변동성과 수익률의 관계도 마찬가지고요."

민준이는 어지럽던 머리가 훤해졌다. 손병석 선생님에게 들었던 금융의 세 번째 비밀은 '수익률에 대한 기대가 클수록 위험도 따라서 커진다'는 것이었다. 최우진이 주장하던 '리스크가 커지면 수익률이 높아진다'와 비슷하게 들리지만 곱씹을수록 다른 이야기라는 생각이 들었다. 서도훈 박사는 다음 말을 덧붙이며 수업을 마무리했다.

"리스크가 커지면 수익률이 높아진다는 말이 왜 엉터리인지를 다른 방식으로 증명해 보일 수도 있어요. 그런데 그걸 하려면 여러분이 고등학교에 가서 배울 수학 지식이 필요해요. 명제라는 단원에서 배울 내용이지요. 내가 박사 때 전공한 논리학에 속하는 내용이기도 하고요. 나중에 혹시 그걸 알고 싶으면 『신금융선언』이라는 책을 찾아보세요. 거기에 아주 잘 정리돼 있어요."

$

환율이 변한다는 예상을
한국인과 미국인이 모두 원한다고?

11월이 되었다. 뉴헤이븐의 날씨는 아침 최저 기온이 영하로 내려갈 정도로 제법 추워졌다. 추위를 타는 편인 서연이는 두꺼운 스웨터를 꺼내 입었다. 그래도 한낮의 볕은 여전히 따사로웠다. 서연이는 한국의 늦가을 같은 정취가 물씬 나는 코네티컷의 가을을 좋아하게 되었다.

서연이는 오늘을 단단히 별렀다. 여명준 신부를 만난 지도 거의 한 달이 지났다. 서연이는 여명준 신부가 골라 준 금융 문제를 아빠가 좋아할 줄 알았다. 돌아오는 길에 문제를 전해 들은 서연이 아빠는 의외로 탐탁지 않아 했다. 낭상 배우고 싶다는 서연이의 애원에도 불구하고 나중에 이야기하자며 차일피일 설명을 미루었다. 안달이 난 서연이가 더 이상 기다릴 수 없다고 주초에 선언하자 서연이 아빠는 이번 주말을 약속했었다. 그렇게 약속된 주말이 바로 오늘이었다.

서연이 아빠는 조심스럽게 말문을 열었다.

"그동안 아빠가 설명을 해 주지 않아서 답답했었지?"

"응, 아빠. 평소의 아빠 같지 않아서 이상했어요."

"그랬을 거야. 그래도 더 이상 미루면 안 될 것 같아서 오늘 아빠랑 같이 공부하자고 한 거야."

"좋아요. 나, 공부할 준비 돼 있어."

서연이의 결의에 찬 표정을 본 서연이 아빠는 한숨을 슬몃 내쉬며 설명을 시작했다.

"그럼 시겔의 패러독스$^{Siegel's\ paradox}$를 이야기한 사람 자체를 먼저 설명할게. 괜찮지?"

"물론이에요, 아빠."

"시겔의 패러독스 혹은 역설을 이야기한 사람은 제러미 시겔이라는 펜실베이니아대학 교수야. 시겔은 주식을 오랫동안 보유하면 저절로 큰 이익이 난다는 주장으로 유명했어. 역사적으로 주식이 채권보다 수익률이 높았다는 의견을 제일 큰 목소리로 떠드는 사람이 바로 시겔이야. 얼마 전까지 한국 텔레비전에 나와 주식 사라고 외치다가 사라진 사람의 원조 격이라고 할 수 있어."

서연이도 시겔은 처음 들어 보지만 아빠가 이야기한 사람은 스치듯 본 적이 있었다.

"그렇구나. 그러면 시겔의 역설이라는 게 주식에 대한 거예요?"

대답하는 서연이 아빠의 모습은 평소처럼 느긋하지 못하고 불편해 보였다. 뭔가 마음에 걸리는 게 있는 듯했다.

"아니, 그렇지는 않아. 시겔의 역설은 주식과는 아무런 상관이 없어. 시겔의 역설은 환율에 대한 거야."

"환율이요? 미국 돈이랑 한국 돈 사이의 교환 비율 같은 거?"

"응. 그런 게 환율이야. 아빠가 예전에 환율에 대해 제대로 설명한 적은 없었지? 환율은 이를테면 우리나라 돈으로 매겨진 외국 돈의 가격이라고 볼 수 있어. 예를 들어, 1미국 달러를 사는데 한국 돈으로 1,200원을 내야 하면 미국 달러 – 원 환율이 1,200인 거야."

서연이는 환율이 기본적으로 뭔지 이해하는 데에 아무런 어려움이 없었다.

"알겠어요. 주가가 주식의 가격인 것처럼 환율은 외국 돈의 가격인 거네요."

"맞아. 아주 깔끔하게 잘 정리했네. 그러면 서연아, 주가의 대표적인 특징이 뭐라고 생각해?"

"주가의 특징? 음, 아마도 변하는 거요? 주가를 보여 주는 그래프를 보면 들쭉날쭉 도대체 정신이 없잖아요."

"그래, 그거야. 주가의 대표적인 특징이 변하는 거라면 환율도 그 처지가 특별히 다르지는 않겠지?"

"아마 그렇겠죠."

"환율이 앞으로 변할 거라는, 즉 오르거나 내린다는 전망은 당연하다고 볼 수 있어. 그런데 시겔의 역설을 설명하려면 한 가지를 먼저 알 필요가 있어."

"그게 뭔데요?"

서연이 아빠는 할 말을 마음속으로 신중하게 골랐다.

"기댓값 최대화라는 원칙이야. 들어 본 적 없겠지?"

"네, 못 들어 봤어요."

"그럴 거야. 기댓값 최대화를 이야기하려면 먼저 기댓값을 알아야 하는데 이건 사실 고등학교 수학에서 배울 내용이야. 하지만 원리가 어렵지 않으니, 아빠가 최대한 쉽게 설명해 볼게.

예를 들어 안이 보이지 않는 불투명한 주머니 속에 파란 공 세 개와 노란 공 두 개가 들어 있어. 파란 공을 꺼내면 천 원, 노란 공을 꺼내면 2천 원을 받는 돈내기가 있다고 해 봐. 그러면 주머니에서 무작위로 공을 하나 꺼낼 때 받을 수 있는 돈은 얼마가 될까? 어느 색 공을 꺼내느냐에 따라 달라지겠지?

분명한 건 받을 돈이 천 원 아니면 2천 원이라는 거야. 그런데 천 원을 받을 확률은 공의 개수에 따라 5분의 3이고 2천 원을 받을 확률은 5분의 2야. 그래서 받을 돈에다가 그에 해당하는 확률을 곱한 값을 모두 다 더한 결과를 받을 돈의 기댓값으로 정의해. 숫자로 나타내면 천 원 곱하기 60퍼센트에 2천 원 곱하기 40퍼센트를 한 값을 더한 1,400원이 방금 돈내기의 기댓값이 되는 거야."

서연이는 찬찬히 아빠의 설명을 되새겼다. 아빠가 설명한 기댓값은 그렇게 어려운 내용이 아니었다. 서연이는 기댓값을 계산하는 방식이 뭔가와 비슷하다는 생각이 오련히 들었다. 서연이가 그게 뭔지 기억해 내는 데에 오랜 시간이 걸리지는 않았다.

"아빠, 기댓값을 계산하는 방법이 평균이랑 다르지 않은 것 같아요."

서연이의 말을 들은 서연이 아빠는 뛸 듯이 기뻐했다.

"오, 맞아, 서연아. 기댓값을 계산하는 과정은 사실 평균과 전적으로 똑같아. 차이가 있기는 있는데 평균은 이미 발생한 자료를 가지고 계산하는 반면 기댓값은 실제로 관찰되지 않은 확률을 가지고 계산한다는 점이야. 하지만 조금 전 사례에서는 그 구별이 큰 의미가 없지. 정리하자면 기댓값은 숫자로 표현되는 뭔가가 미래에 평균적으로 발생할 값인 셈이야.

그럼, 기댓값이 무언지를 알게 됐으니 이제 기댓값 최대화를 설명할 차례겠지? 기댓값 최대화는 말 그대로 기댓값을 최대로 만드는 결정을 내리라는 원칙이야. 각기 다른 기댓값을 갖는 여러 선택지가 있을 때 그중에 가장 기댓값이 큰 쪽을 고르는 게 최선이라는 거지. 어때, 이해가 되니?"

"응. 그렇게 하는 게 당연하지 않을까 싶은데요. 기댓값이 낮은 쪽을 선택하는 걸 최선이라고 보기는 어렵잖아요."

"그렇게 볼 구석이 있지. 특히 경제학은 기댓값 최대화를 온 마음으로 받아들였어. 대학에서 가르치는 경제학 이론은 기댓값 최대화를 근본 원리로 삼아 만들어진 거야. 그런데 기댓값 최대화를 제일 처음으로 이야기한 사람이 누굴 것 같아? 꽤 유명한 사람인데."

서연이는 잠시 생각해 봤다. 하지만 짐작할 아무런 단서가 없었다.

"모르겠어요. 누군데요?"

"17세기 네덜란드 천문가인 크리스티안 하위헌스야. 하위헌스는 빛이 파동이라는 가정하에 여러 광학 현상을 규명했고 토성의 가장 큰 위성인 타이탄을 발견했어. 또한 배율이 50배가 되는 망원경을 직접 만든 걸로도 유명해. 하지만 20대 때『우연의 게임에 대한 추론』이라는 책을 냈다는 건 상대적으로 덜 알려져 있지. 여기서 우연의 게임이란 바로 돈내기나 도박을 가리켜. 확률 개념이 처음에 연구된 대상이 바로 도박이었거든. 하위헌스는 그 책에서 기댓값을 정의하고 기댓값 최대화 원리를 언급했어. 즉 기댓값을 최초로 정의한 사람이 바로 하위헌스야."

"놀랍네요."

"마지막으로 한 가지를 미리 이야기해 두고 싶은데 미국 달러 - 원이 보통 1,000이 넘어가잖아. 이걸 미국 달러 - 천 원으로 바꾸어 놓을게. 즉 미국 달러 - 원 환율이 1,200원이라면 미국 달러 - 천 원은 1.2가 되겠지. 이게 꼭 필요한 건 아니고 원래의 숫자를 가지고 해도 똑같은 결론이 나오지만 숫자들이 보기에 쉬우라고 하는 거야."

"뭐, 좋아요."

서연이 아빠는 이로써 본론으로 뛰어들 채비가 끝났다.

"그러면 이제 본격적으로 시겔의 역설을 다루어 볼까? 현재 미국 달러-천 원이 1.25라고 가정할게. 그런데 환율은 늘 변하니까 그걸 감안하려고 해. 즉 오르거나 내리는 두 가지 가능성이 있다고 보자는 거지."

"네."

"전형적인 예로서 환율이 1.6배로 뛰거나 혹은 2분의 1로 줄어든다고 치고 그 각각의 확률이 50퍼센트라고 가정해 볼게. 이때 한국 사람이 미국 달러를 샀을 때 얻을 수 있는 이익의 기댓값을 구해 보면, 먼저 환율이 얼마 후 한국 돈으로 2가 되거나 혹은 0.625가 되는데, 그 확률이 각각 50퍼센트니까 기댓값을 계산하면 1.3125가 나와. 원래의 1.25에 비해 5퍼센트 커진 값이야. 즉 지금 미국 달러를 사면 한국 사람은 5퍼센트라는 이익을 평균적으로 기대할 수 있다는 얘기야. 그러므로 기댓값 최대화를 따른다면 미국 달러를 사는 게 마땅해. 여기까지 이해했니?"

"응, 아빠."

"이번에는 한국 사람이 아닌 미국인의 처지를 따져 볼게. 미국 달러를 가진 미국인에게는 한국 원이 외국 돈이야. 그러니까 그들에겐 환율이 천 원-미국 달러인 거지. 즉 미국인이 보는 지금 환율은 1.25의 역수로 0.8이야. 또한 미국 달러-천 원이 2거나 0.625일 때 그 역수는 각각 0.5와 1.6이야. 여기에 확률을 곱해 더하면 미국인 관점의 환율 기댓값은 1.05로 계산돼. 조금만 계산해 보면 이를 금방 확인할 수 있어.

미국인 관점의 환율 기댓값 1.05는 미국인 관점의 현재 환율 0.8보다 31.25퍼센트 더 큰 값이야. 여기서 한 가지 형태의 역설이 발생해. 한국인 관점으로 보나, 미국인 관점으로 보나 환율이 변할 거라는 예상은 기댓값 차원에서 서로 외국 돈을 사는 게 이익이라는 결론을 낳는 거야. 결과적으로 한국인과 미국인 모두 외환을 거래하게 만드는 셈이지. 묘한 결론이 아닐 수 없어."

서연이는 아리송했다. 아빠가 말한 숫자들은 틀림이 없었다. 그렇지만 서연이는 이게 왜 역설이 되는지 이해가 잘 되질 않았다.

"아빠, 근데 이게 왜 역설인 거예요? 난 그게 잘 이해가 안 돼."

"왜냐하면 한국인 관점의 환율과 미국인 관점의 환율은 서로 역수 관계라서 그래. 역수 관계라면 한쪽이 좋으면 다른 한쪽은 나쁠 수밖에 없거든. 실제로도 환율이 1.25에서 2로 올라갔다고 해 봐. 그러면 미국 달러를 산 한국인은 이익을 본 반면 한국 원을 산 미국인은 큰 손실을 봤잖아. 환율이 1.25에서 0.625로 내려갈 때도 마찬가지지. 이번에는 한국인이 손실을 보고 미국인이 이익을 얻지. 즉 둘 다 동시에 이익을 볼 수는 없어. 그런데 기댓값을 따지면 둘 다 이익인 것처럼 보이니 희한하다고 하는 거야."

서연이는 곰곰이 따져 봤다. 아빠 말이 맞았다. 그야말로 의아한 일이었다.

"정말 그렇네. 이상하다."

서연이 아빠는 추가로 설명할 말이 더 있었다.

"시겔의 역설을 다른 형식으로 나타낼 수도 있어. 기댓값을 동원하지 말고 그냥 문제 제기를 하는 거지. 가령 한국인 관점의 환율이 1.25에서 2로 1.6배 올랐다고 해 봐. 한국인의 이익은 원래 가진 돈의 60퍼센트야. 반면 미국인은 가진 돈이 1.25의 역수인 0.8에서 2의 역수인 0.5로 줄었으니 0.3을 0.8로 나눈 37.5퍼센트라는 손실을 본 거야. 맞아?"

"응."

"이때 한국인의 이익과 미국인의 손실을 합치면 어떻게 될까? 플러스 60퍼센트에 마이너스 37.5퍼센트니까 결국 플러스 22.5퍼센트가 남겠지? 즉 두 나라 국민을 합한 집합의 관점에서 보면 환율 변동이 결국 없던 새로운 가치를 만들어 낸 것처럼 보여. 그렇지 않니?"

말을 마친 서연이 아빠의 표정은 편치 않았다. 듣는 서연이도 괴로운 심정이었다. 서연이는 뭐라고 말해야 할지 판단이 서지 않았다.

"잘 모르겠어, 아빠."

"사실 시겔의 역설을 기술적으로 설명하는 방법이 있기는 있어. 이른바 옌센 부등식Jensen's inequality으로 풀이하는 거야."

"옌센 부등식? 그건 또 뭐예요?"

서연이 아빠의 머릿속은 복잡했다. 어디까지 서연이에게 설명하는 게 옳을지 확신이 들지 않았다.

"요한 옌센은 19세기 중반에 태어난 덴마크 사람이야. 덴마크기술대학을 졸업한 옌센은 65세로 죽기 직전까지 40년 넘게 코펜하겐 전화회사에서 엔지니어로 일했지. 흥미롭게도 옌센의 취미는 바로 수학이었어. 그가 퇴근해서 남는 시간에 증명한 정리 중 하나가 바로 옌센 부등식이었어."

"아빠는 이런 걸 어디서 다 알게 된 거예요?"

"옌센 부등식은 꽤나 유명한 결과야. 수학경시대회에 단골로 등장하고 확률론이나 정보이론에서도 중요하게 다뤄지지. 공대를 졸업한 사람이라면 이걸 모를 수가 없어. 암튼 그걸 설명하기보다는 옌센 부등식의 한 특수한 형태로서 시겔의 역설을 바라볼 수 있다는 게 중요해. 옌센 부등식을 한마디로 요약하면 함수가 아래로 볼록일 때 함숫값의 평균이 평균의 함숫값보다 반드시 크거나 같다는 거거든. 시겔의 역설에서는 환율의 기댓값이 함숫값의 평균이 되고 지금 환율이 평균의 함숫값이 되는 거지. 그러니까 환율의 기댓값이 지금 환율보다 크거나 같다는 건 수학적으로 증명할 수 있는 사실이야."

서연이는 머리가 터질 것 같았다. 서연이는 엔센 부등식이 뭔지 괘넘치 않고 환율의 기댓값이 지금 환율보다 크게 계산되는 데에 문제가 없다는 정도로 받아들였다.

"아빠 생각에 기댓값 최대화는 언제나 성립하는 원리는 아닌 것 같아. 한국인과 미국인이 모두 기댓값 상으로는 이익을 보지만 실제로 환율이 변하고 나면 그중 한쪽만 이익을 보고 다른 한쪽은 손실을 입게 되어 있으니까 말이야."

"아빠 말은 기댓값 최대화라는 게 만병통치약은 아니라는 얘기네요. 그죠?"

"그렇지. 기댓값 최대화가 완벽한 게 아니라면 시겔의 역설은 더 이상 역설이 아니게 되니까."

서연이 아빠는 거기까지 말하고는 잠시 말을 멈췄다. 시겔의 역설에 관한 마지막 생각거리를 서연이에게 말해야 할지 고민이 되어서였다. 얼마 후 결심이 섰다는 듯 서연이 아빠는 입을 천천히 열었다.

"아빠가 시겔의 역설을 서연이 너한테 설명해 주기가 꺼려졌던 마지막 한 가지 질문이 남아 있어. 그게 뭔지 들어 보고 싶어?"

서연이는 아빠가 이토록 조심스럽게 이야기하는 걸 본 적이 없었다. 아마도 아빠 스스로가 만족할 만한 답을 아직 찾지 못했기 때문일 터였다. 그렇다고 자기까지 그 질문을 피할 이유는 없었다. 서연이는 오히려 도전해 보고 싶은 마음이 생겼다.

"들어 보고 싶어요."

"그래, 우리 딸, 정말 기특하다. 아빠가 얘기해 줄게. 아까 기댓값을 동원하지 않은 다른 형식의 시겔의 역설을 얘기했던 거, 기억나?"

"응."

"한국인과 미국인의 이익 및 손실을 합치면 22.5퍼센트의 이익이 남는 것처럼 보인다는 거였지. 여기서 질문은 그게 진짜 경제적으로 실체가 있는 건지 아니면 그냥 숫자상의 실체 없는 허상 같은 건지야. 서연이 네가 보기엔 어느 쪽인 것 같아?"

서연이는 골똘히 궁리해 보았다. 그 이치가 잡힐 듯 말 듯 미끄러운 비누처럼 자꾸 서연이의 손아귀를 빠져나갔다.

"어려워, 아빠."

"아빠가 생각해 본 데까지 조금 더 힌트를 줄게. 아직 아빠도 완전한 답을 얻지는 못 했어. 그러니까 너도 한번 혼자 힘으로 생각해 봐. 알겠지?"

"네."

"숫자상의 이익이 실체가 있는 건지를 알아보려면 실제로 존재하는 물건을 가지고 생각해 보는 게 좋아. 아빠는 여기서 사과를 상상해 봤어. 사과는 한국과 미국 두 나라에서 모두 생산되고 소비되는 실제로 가치 있는 과일이니까.

한국인과 미국인의 대표로 각각 홍길동과 토니 스타크를 가정할게. 길동은 12,500원을, 토니는 10달러를 가지고 있어. 사과 가격은 한국에서는 한 개에 1,250원, 미국에서는 1달러라고 할게. 즉 길동과 토니는 현재 각각 가지고 있는 자기 나라 돈으로 사과를 10개씩 살 수 있어. 이어 길동과 토니는 외환시장에 나가 자국 돈을 모조리 팔아 서로 외국 돈을 샀어.

이제 미국 달러-천 원 환율이 1.25에서 2로 변했다고 해 봐. 환율이 2니까 길동은 자기가 샀던 10달러를 팔아 한국 돈을 사면 20,000원이 생겨. 한국의 사과 가격이 바뀌지 않았다는 전제하에서 길동은 이제 사과를 10개가 아닌 16개를 살 수 있어. 한편 토니가 가진 12,500원은 2라는 환율에선 6.25달러에 지나지 않아. 토니가 살 수 있는 사과 개수는 6개로 줄어든 거지. 잔돈으로 남은 25센트 동전 한 개와 함께 말이야.

반대로 환율이 1.25에서 0.625로 떨어졌다면 어떻게 될까? 길동은 10달러를 팔아 6,250원을 가질 뿐이고 토니는 12,500원을 팔아 20달러를 손에 쥐게 돼. 길동과 토니는 각각 사과를 5개와 20개 살 수 있지. 정리해 보면 환율이 올랐을 때 길동과 토니가 사 먹을 수 있는 사과 개수의 총합은 22개고 환율이 내렸을 때는 25개야. 어느 쪽 시나리오가 발생하든 아까의 20개보다 사과 개수가 늘어났다는 사실에는 틀림이 없어.

아빠가 정말로 궁금한 건 이거야. 어느 쪽 시나리오든 사과가 처음보다 많아졌다고 해서 환율 변동이 길동과 토니 둘 다에게 좋은 일이라고 말해도 될까? 다시 말해 기댓값 상으로 이익이 모두에게 있었으니까 애초의 외환 거래는 공정한 일이고, 또 두 사람이 살 수 있는 사과 개수의 총합도 늘어났으니 경제적으로도 발전했다고 할 수 있을까? 그런데 어느 쪽 시나리오가 발생하든 결국 한 명은 먹을 수 있는 사과 개수가 심하게 줄었어."

서연이는 오랫동안 마음속으로 아빠의 질문을 되뇌고 또 되뇌었다.

9
장

$

평행우주에 사는 게 아니라면
돈의 평균을 보면 안 돼

그로부터 며칠 뒤, 서연이는 집에서 저녁 시간을 보내고 있었다. 갑자기 스마트폰에 모르는 번호로 전화가 걸려 왔다. 서연이는 이걸 받아야 할지 잠시 망설였다. 한국에서라면 그냥 무시했을 가능성이 컸다. 서연이는 루크나 헤스티아한테 온 전화일지도 모른다는 생각에 전화를 받았다.

"여보세요?"

"여보세요, 서연 자매님이죠? 나 기억 나요? 얼마 전에 성당에서 봤었던 채 아녜스 수녀예요."

"어머, 수녀님, 안녕하세요! 잘 지내셨어요?"

"목소리 들으니까 너무 반가워요. 아빠 졸라서 성당으로 좀 놀러 오지 그랬어요?"

서연이는 채지은 수녀에게 전화를 받은 게 진심으로 기뻤다. 그날 봤을 때 나이 차 많이 나는 큰언니 같은 느낌을 받아서였다. 둘은 전화로 한참 수다를 떨었다. 그 와중에 웃는 목소리가 전화기 너머로 희미하게 들렸다.

"거참, 수녀님, 이제 나도 좀 통화할게요."

"자매님, 스테파노 신부님이 자기도 이제 자매님이랑 통화를 하고 싶다고 하시네요. 원래 신부님이 진화를 직접 하시려던 기었는데 내가 자매님 목소리 듣고 싶어서 중간에 끼어든 거였어요."

"아, 네."

"자매님, 잘 지냈어요? 여명준이에요."

"신부님, 안녕하셨어요?"

서연이는 자기도 모르게 긴장했다. 지난번 만났을 때 몹시 똑똑한 사람이라는 인상을 깊게 받았기 때문이었다. 서연이는 무슨 일일까 의아했다.

"지난번에 자매님 왔다 가고 나서 얼마 안 돼 한 교수한테 전화 받았어요. 너무 까다로운 문제를 골라 줬다며 한 교수에게 혼도 난 걸요, 하하. 일을 벌였으니 끝까지 책임도 져야 한다고 그러더라고요."

"네에."

서연이는 달리 뭐라고 말해야 할지 몰라 짧게 대답했지만, 은근히 기대도 되었다. 요 며칠 사이 서연이 머릿속은 온통 아빠가 던져 놓은 질문 생각뿐이었다. 혹시 이게 새로운 해답의 끄트머리가 될지 모

144

열다섯 글로벌 경제학교

른다는 막연한 예감이 들었다.

"그래서 새로 한 사람을 자매님에게 소개해 주려고 해요. 아마도 나나 한 교수에게 들을 수 있는 이야기와는 또 다른 시각을 전해 줄 거예요. 한 교수하고도 이미 얘기했어요. 한 교수도 좋다고 하더라고요."

"어떤 분이세요? 금융을 전공하신 교수님이신가요?"

"어떤 사람인지 궁금하겠군요. 나중에 만나면 직접 소개를 듣겠지만 내가 간략히 미리 알려 줄게요. 이름은 오가람이고, 미국 교포예요."

"엇, 교포면 한국말 못하시는 거 아니에요?"

"왜요? 자매님, 영어 잘하잖아요?"

"그래도 한국어가 당연히 더 편하니까요. 금융 용어는 또 어려운 말도 많아서 영어가 힘들어요."

선한 웃음소리가 스마트폰의 스피커를 통해 울려 나왔다.

"맞아요, 그런 면이 있지요. 하지만 그런 걱정은 하지 않아도 돼요. 왜냐하면 오가람 박사는 교포기는 하지만 우리말을 매우 잘하거든요."

"어렸을 때 이민을 오신 거예요?"

"아니요, 여기서 태어났대요. 그러니까 교포 2세인 거죠. 그래도 한국어를 모르면 안 된다고 부모님이 어렸을 때부터 엄청나게 시켰

9장 🪙 평행우주에 사는 게 아니라면 돈의 평균을 보면 안 돼

대요. 본인도 한국말이 좋아서 열심히 연습했다고 하더라고요."

서연이는 안도의 숨을 내쉬었다. 적어도 다른 나라말로 이야기를 나누느라 무슨 말인지 못 알아듣고 하고 싶은 말을 제대로 못 하는 일은 이제 걱정하지 않아도 되었다. 서연이는 여명준 신부가 오가람 박사라고 말한 걸 기억했다.

"그분은 그럼 대학에서 금융을 연구하시는 건가요?"

"금융을 연구하는 건 맞아요. 그런데 대학은 아니에요. 아마 자매님이 못 들어 봤겠지만 산타페연구소라는 곳이에요."

여명준 신부의 짐작은 틀리지 않았다. 서연이는 부끄러운 티를 내며 대답했다.

"처음 들어 봐요. 자동차 이름은 들어 봤지만요."

"하하하, 자매님처럼 대답할 사람이 적지 않을 거예요. 산타페는 미국 뉴멕시코에 있는 도시예요. 사막과 고원으로 둘러싸인 황량한 그곳에 연구소가 있어요. 그래서 도시 이름을 따 산타페연구소라고 지은 거예요."

서연이는 뭔가 앞뒤가 맞지 않는다고 느꼈다. 금융을 연구한다면서 선인장이나 드문드문 눈에 띌 그런 곳에 연구소가 있다니 기이한 일이었다.

"사막 한가운데에 금융 연구소가 있다니 놀라운데요."

"산타페연구소는 다학제 연구로 전 세계에서 가장 유명한 곳이에요. 다학제 연구란 여러 분야의 지식을 융합해 수행하는 연구를 말해요. 뉴멕시코가 시골인 건 사실이지만 알고 보면 뉴멕시코는 미국 50개 주 중에서 인구 천 명당 박사학위자 수가 가장 많은 곳이지요."

"와! 어떻게 그럴 수가 있나요?"

"그럴 만한 이유가 있어요. 뉴멕시코는 인구가 많지 않기 때문에, 위험하다든가 혹은 사람들 눈에 안 띄었으면 하는 연구를 하기 좋은 곳이에요. 우선 2차 대전 때 산타페 바로 위에 있는 로스앨러모스에 맨해튼프로젝트를 수행한 로스앨러모스국립연구소가 지어졌어요. 쉽게 말해 원자폭탄이 개발된 곳이 바로 뉴멕시코예요. 세계 최초의 원자폭탄 개짓의 폭발 시험이 치러진 곳도 뉴멕시코에 있는 화이트샌즈미사일시험장이지요. 게다가 원자력을 담당하는 미국 에너지부 산하 3개 국립연구소 중 하나인 샌디아국립연구소도 뉴멕시코에 있어요. 이러니 박사학위를 가진 사람이 많이 살 수밖에 없는 거지요. 또 뉴멕시코는 빌 게이츠가 마이크로소프트를 처음 세운 곳이기도 해요."

"재밌네요. 그런 줄 몰랐어요."

"1984년에 세워진 산타페연구소는 로스앨러모스의 물리학 박사들이 주축이 되어 만들었어요. 산타페연구소의 주된 관심 분야는 복합성이었죠. 복합성이란 부분이 모여 새로운 차원의 전체를 만들어내는 성질을 가리켜요. 그러한 전체는 단순히 부분의 성질을 분석한다고 알 수 있는 게 아니죠. 복합성으로 접근하지 않으면 놓치는 게 많은 대상 중 대표적인 예가 바로 경제와 금융시장이에요."

서연이는 경제가 물리와 상관있을 거라는 생각을 해 본 적이 없었다. 물리를 연구하던 사람들이 경제를 연구하게 되었다는 게 신기했다.

"그분은 공부는 어디서 하셨나요? 연구소에서 공부를 하신 건 아니죠?"

"그렇죠, 산타페연구소는 학위를 주는 곳은 아니니까요. 오가람 박사는 학부를 칼텍에서 물리로 했어요. 보통 칼텍이라고 줄여서 부르는 캘리포니아기술원은 사람들이 잘 몰라서 그렇지 정말 학부로 입학하기 어려운 학교예요."

서연이는 지난번 루크와 헤스티아에게 들었던 이야기가 생각났다. 여기도 아이비리그랑 비슷한 일이 벌어지는 게 아닌지 궁금했다.

"캘리포니아기술원에 들어가기가 아이비리그보다 어렵나요?"

"그럼요, 비교가 안 되죠. 자매님이 알지 모르겠지만 아이비리그 같은 사립대학들은 레거시 정책이라고 해서 기부금을 많이 내면 입학 허가를 받을 수 있는 게 공공연한 비밀이에요. 그런데 캘리포니아 기술원은 그걸 하지 않아요. 1992년에 수행된 조사에서 사립대학 중에 레거시 정책을 채택하지 않은 유일한 학교로 밝혀진 곳이 바로 캘리포니아기술원이었죠. 오로지 학생의 잠재력과 실력만을 평가해 입학 허가를 준다는 얘기에요.”

“엠아이티^{MIT}, 즉 매사추세츠기술원과 비교하면 어때요?”

“매사추세츠기술원, 들어가기 어렵죠. 하지만 캘리포니아기술원보다는 쉽다고 얘기해야 옳아요. 거기엔 두 가지 이유가 있어요. 첫째로, 매사추세츠기술원은 현재는 레거시 입학이 없다고 발표하지만, 예전에는 없지 않았어요. 둘째로, 매사추세츠기술원은 한 학년에 천 명 조금 넘는 반면 캘리포니아기술원은 한 학년에 200명 남짓해요.”

서연이는 공정하게 뽑는 데라면 아무리 어려워도 외려 도전해 보고 싶다는 생각이 들었다.

“그러면 박사도 같은 데서 하신 거예요?”

“박사는 캘리포니아 버클리대학에서 했어요. 오가람 박사는 물리 중에서도 응집물질물리를 하고 싶어서 거기를 갔죠. 지도 교수가 마이크 잘러텔이라는 사람인데, 하버드대학을 졸업하고 캘리포니아 버클리대학에서 물리학 박사학위를 받은 사람이에요. 잘러텔은 박사 후에 마이크로소프트 양자컴퓨팅 부문을 거쳐 프린스턴대학 교수로 있다가 모교에 왔죠.”

서연이가 오가람 박사를 만난 건 그 주 토요일이었다. 오가람 박사는 뉴헤이븐에서 열릴 학회에 참석하려던 차였다. 서연이와 함께 자리에 나간 서연이 엄마는 생각보다 오가람 박사가 젊어서 깜짝 놀랐다.

"저는 나이가 지긋한 분을 상상했는데 너무 젊으신데요."

"아, 제가 아직 박사 후 연구원이라서요. 박사학위를 받은 지 2년 밖에 안 되었습니다."

여명준 신부의 말처럼 오가람 박사의 한국말은 훌륭했다. 인사말이 얼마간 오간 후 오가람 박사는 곧장 이야기를 시작했다.

"서연 학생은 혹시 경제물리학이나 에르고드 경제학이라는 말을 들어본 적이 있나요?"

"아니요, 처음 들어보는데요."

"그렇군요. 지금 얘기한 분야가 바로 제가 연구하고 있는 분야거든요. 일반인들에게 잘 알려지지 않은 분야죠. 그렇지만 당장의 유명세가 진리를 보장하지 않는 게 학문의 중요한 속성인 것 같아요. 지구가 돈다는 갈릴레이의 생각이 처음에는 인기가 없었죠. 하지만 선입견이 없는 젊은 사람들이 지동설을 받아들이면서 결국 과학적 사실이 되었던 것처럼요."

서연이는 오가람 박사가 연구한다는 분야가 구체적으로 어떤 것인지 궁금했다.

"그게 어떤 건지 설명해 주실 수 있나요? 저는 아직 어려서 선입견이 없거든요."

"경제물리학은 통계물리 혹은 통계역학에서 확립된 방법론을 가지고 경제를 분석하는 분야예요. 이렇게만 이야기하면 아, 경제를 통계로써 분석하는 일인가 보다, 하고 생각하기 쉬운데 그거와는 달라요. 기존의 이른바 고전경제학도 통계를 사용할 때가 있으니까요. 근본적인 차이는 통계를 원리로써 사용하느냐 아니면 단지 현상을 요약하는 수단으로 사용하느냐에 있어요. 경제물리학은 수많은 개인의 통계적 상호작용을 원자나 입자의 통계물리적 상호 작용에 빗대 바라보거든요. 이렇게 하면 고전경제학이 설명하지 못하는 수많은 경제 현상들을 설명할 수 있지요."

서연이는 오가람 박사의 설명이 어려웠다. 괜히 물어봤다는 생각이 들 정도였다. 오가람 박사가 눈치 빠르게 서연이의 생각을 읽었다.

"내가 한 설명이 어렵게 들리죠? 물리를 공부한 사람들끼리는 너무 당연한 설명인데 물리를 배우지 않은 사람에게는 어떻게 설명을 해도 어렵게 들리는 것 같아요. 그러니 그거보다 이해하기 쉬운 이야기를 하나 해 볼게요."

서연이는 좋다고 대답했다. 오가람 박사와 서연이 사이의 대화를 가만히 듣고 있던 서연이 엄마도 무슨 이야기가 나올까 궁금해했다.

"먼저 거래가 가능한 대상을 생각해 볼게요. 쉽게 말해 주식을 머리에 떠올려도 좋을 것 같아요. 주식이 무엇인지를 설명하지는 않아도 괜찮겠죠?"

"주식이 뭔지는 알아요."

"그래요. 금융시장에서 거래되는 대상인 주식은 가격이 변하는 특성이 있어요. 가격이 변하지 않는다면 주식을 거래해 돈을 불리고 싶은 사람들이 좋아하지 않겠죠. 즉 가격 변화는 주식의 본질과도 같아요. 가격이 변하는 데 일방적으로 오르거나 혹은 내리기만 한다고 생각하기는 무리죠. 오를 때도 있고 또 내릴 때도 있다는 게 타당할 거예요. 어때요?"

서연이는 방금 들은 오가람 박사의 설명이 이번에는 전혀 어렵지 않았다.

"네, 좋아요."

"오케이. 그러면 이번에는 구체적인 숫자를 가지고 이야기를 해 볼까요? 오렌지라는 주식이 있는데 지금 주가가 1달러예요. 그리고 오렌지의 주가가 매일 오르면 1.6배가 되고 떨어지면 0.5배가 된다고 가정해 볼게요. 오르거나 내릴 확률은 50퍼센트로 서로 같고요. 그렇다면 서연 학생은 오렌지를 사고 싶어요?"

서연이는 쉽게 대답이 나오지 않았다. 예전의 서연이라면 내일 주가의 평균을 구해 결론을 내렸을 가능성이 컸다. 지금의 서연이는 그때보다 훨씬 조심스러워졌다. 가뜩이나 며칠 전에 아빠에게 기댓값 최대화가 완벽한 원리가 아니라는 설명을 들은 뒤였다. 아빠의 설명을 듣지 못했던 서연이 엄마에게는 오가람 박사의 질문이 너무 쉬웠다. 서연이가 대답하지 않고 머무적대자 오히려 서연이 엄마가 안절

부절못하였다. 급기야 서연이 엄마가 직접 나섰다.

"애, 그럴 때는 평균을 구해서 결론을 내야지. 1달러가 1.6배 오르면 1.6달러가 되고 1달러가 0.5배로 줄면 0.5달러가 돼서 그 평균을 구해 보면 1.05달러가 되잖니. 지금 주가인 1달러보다 내일 주가의 평균이 더 크니까 오렌지를 사는 게 올바른 결정이잖아."

이야기를 마친 서연이 엄마는 오가람 박사의 표정을 살폈다. 당연히 오가람 박사가 맞장구를 쳐 줄 줄 알았다. 오가람 박사는 아무런 표정의 변화가 없었다.

"어머니가 이야기하신 것처럼 내일 오렌지 주가의 평균은 1.05달러예요. 수학에서는 이럴 때의 평균을 기댓값이라고 부르지요. 즉 내일 주가의 기댓값이 현재 주가보다 크다면 주식을 사는 게 옳은 결정일까요?"

서연이도 오렌지 주가의 기댓값이 현재 주가보다 크다는 건 당연히 잘 알았다. 하지만 오가람 박사가 고른 숫자들이 하필 낯익었다. 그건 바로 서연이 아빠가 서연이에게 시겔의 역설을 설명할 때 사용했던 값이었다. 무척 괴로워하며 서연이는 대답했다.

"내일 주가의 기댓값이 오늘 주가보다 크다면 주식을 사는 게 맞을 것 같아요. 그렇게 하지 않는 게 이상한 일이겠지요. 그런데 그렇게 하면 안 될 것 같은 느낌도 막연하지만 들어요. 어쨌든 저는 오렌지를 안 살 것 같아요. 제가 괴로운 건 그 이유를 몰라서예요."

서연이의 대답을 듣고 있던 서연이 엄마의 얼굴이 일그러졌다. 서연이 엄마가 보기에 서연이는 헛소리를 말하고 있었다. 표정을 바꾸지 않은 채로 오가람 박사는 다시 한번 서연이를 다그쳤다.

"경제학 교과서는 앞서 말한 상황에서 오렌지를 사는 게 경제학 관점에서 합리적인 일이라고 설명해요. 그 원칙을 그대로 따르지 않는다면 합리적이지 못한 결정을 내리는 셈이죠. 경제학 원칙과 거꾸로 가겠다는 거예요. 그런데도 오렌지를 살 생각이 아직 들지 않나요?"

서연이 입에서 수긍의 대답은 나오지 않았다. 그것도 모르냐며 아무리 기를 꺾고 을러도 항복할 뜻이 없는 듯 보였다. 갑자기 오가람 박사의 얼굴이 환하게 빛났다.

"축하해요. 서연 학생의 꿋꿋함이 너무 보기 좋은데요. 경제물리와 에르고드 경제학 관점에서 보자면 서연 학생은 직감에 의존해 올바른 결정을 내렸어요."

갑작스러운 오가람 박사의 칭찬에 서연이는 깜짝 놀랐다. 서연이보다 더 놀란 사람이 서연이 엄마였다. 서연이 엄마는 따지듯 오가람 박사에게 물었다.

"아니, 그게 무슨 말씀이세요? 올바른 결정을 내렸다니요?"

"어머니, 제가 조금 더 설명을 해드릴게요. 예를 들어, 100명의 사람이 오렌지와 같은 주식을 모두 1달러씩 산다고 생각해 볼게요. 그러면 무슨 일이 벌어질까요?"

"그거야 너무 쉽죠. 50명은 가진 돈이 1.6달러로 불어나지요. 물론 가진 돈이 0.5달러로 줄어드는 사람도 50명이 있기는 있겠죠. 하지만 여기서 중요한 건 그들 모두의 평균이 1.05달러라는 사실이잖아요? 그러니까 장기적으로 보면 결국 오렌지와 같은 주식을 사는 게 모두에게 합리적인 일 아니에요?"

오가람 박사는 서연이의 표정을 살피면서 이야기를 계속했다.

"방금 중요한 얘기를 하셨어요. '장기적'이라는 단어지요. 그러니까 어머니 말씀은 당장은 손실을 본 사람이 50명이지만 시간이 가면 갈수록 모두가 이익을 보게 될 거라는 거죠?"

"네. 당연하지 않아요?"

"좋습니다. 그러면 앞서 나왔던 100명이 다음 날에도 주식을 거래했다면 무슨 일이 벌어질까요? 1.6달러를 가진 50명 중 25명은 2.56달러로 돈이 더 불어나지요. 하지만 나머지 25명은 0.8달러로 돈이 줄어들고 말아요. 한편 첫째 날에 가진 돈이 0.5달러로 줄어들었던 50명은 다음 날 25명이 0.8달러, 25명이 0.25달러를 가지게 돼요. 이제 처음 가진 돈보다 적은 돈을 가진 사람의 수는 50명에서 75명으로 늘어났지요."

서연이 엄마는 스마트폰 계산기를 갖고 여러 차례 확인했다. 오가람 박사의 말은 틀리지 않았다. 서연이 엄마는 변명하듯 말했다.

"그건 두 번이 충분히 긴 시간이 아니기 때문일 것 같아요. 이걸 계속하다 보면 나아지겠죠."

"저는 그 긴 시간이 얼마나 길어야 할지 궁금했어요. 제 연구에서 그걸 직접 계산해 본 이유지요. 제가 결과를 말씀드릴게요. 한 100번은 어떨까요? 처음 가진 1달러보다 더 많은 돈을 가지게 된 사람의 수는 100명 중 2.8명이에요. 나머지 97.2명은 돈을 잃었지요. 혹시 1,000번이 궁금하세요? 처음보다 돈이 많아질 사람은 100명 중 0.00000007명이에요. 지구상에 사는 전체 인구 80억 명이 하면 6명만 돈을 불리는 거죠. 그러니까 이런 걸 오래 하면 일론 머스크의 아주 가까운 친구가 아닌 담에야 거의 모두 틀림없이 망하고 말아요."

서연이 엄마는 말문이 막혔다. 서연이는 물을 질문이 한둘이 아니라 마음이 급해졌다.

"왜 이렇게 되는 거예요? 어떤 이유로 이런 결과가 나오는지 설명해 주실 수 있나요?"

"물론이에요. 이유는 간단해요. 주가가 1.6배가 되거나 0.5배가 될 때 평균을 낸다는 건 그 두 상태에 동시에 접근이 가능하다는 뜻이에요. 다시 말해 가진 돈이 2달러일 때 그걸 1달러씩 나눠 주식을 한 개씩 사는 상황인 거죠. 문제는 사람들이 주식을 실제로 거래할 때의 상황은 그게 아니라는 거예요. 내가 이튿날에 거래할 수 있는 돈은 첫날의 결과에 좌우돼요. 즉 돈이 공간적으로 평균이 되는 게 아니라 시간적으로 누적된다는 거지요. 요즘 심지어 만화 소재로도 사용되는 이른바 평행우주를 들락거릴 수 있는 사람이라면 돈의 공간 평균을 따져도 무방해요. 그게 아닌 보통의 일반인이라면 그러면 안 되는 거예요. 그게 바로 제가 연구하는 에르고드 경제학의 한 가지 결론이지요."

서연이 머릿속에는 새로이 묻고 싶은 질문이 새록새록 생겨났다.

10장

미래에 주고받는 파생거래 이름이
왜 선물이 된 거야?

어느덧 11월 말이 되었다. 이제 국제금융올림피아드까지 한 달도 채 남지 않았다. 오늘은 민준이를 비롯한 아이들이 서울에서 금융 수업을 듣는 마지막 날이었다.

민준이가 집을 나선 시간은 여느 때와 같은 이른 아침이 아니었다. 오후 2시 반이 막 지난 때였다. 오늘 수업은 그동안 했던 오전 9시 30분과는 달리 오후 4시에 시작될 예정이었다. 수업이 진행될 강의실에는 못 보던 대형 화면이 준비되어 있었다. 강사가 한국에 올 수 없어서 화상으로 수업이 진행되어야 하기 때문이었다.

오후 4시 화면에 나타난 사람은 아이들에게 반갑게 인사했다. 아이들은 그 사람이 기꺼우면서도 당황스러웠다. 그는 약 한 달 전 수업 때 상관이 인과가 아니라는 걸 가르쳤던 서도훈 박사였다. 오늘

161

강사가 유럽에서 일하는 사람이라 오후 4시에 화상으로 할 수밖에 없다는 주영무 장학사의 안내와도 맞지 않았다. 서도훈 박사는 계면쩍어하며 말했다.

"내가 오늘 나타나서 모두 좀 놀랐죠? 너무 걱정하지 말아요. 난 짧게 강사님 소개만 하고 사라질 거니까요."

사글사글한 이선호가 말을 붙였다.

"박사님은 지금 그럼 싱가포르에 계신 거예요? 거기는 몇 시예요?"

"네, 싱가포르 맞아요. 여기는 지금 오후 3시예요. 서울보다 한 시간 늦지요."

아이들은 서도훈 박사의 반팔 옷이 눈에 들어왔다.

"거긴 아직도 반팔 입고 다닐 정도로 더워요? 서울은 이제 꽤 추운데."

"여긴 12월, 1월에도 반팔 입고 다녀요. 여전히 낮 최고 기온이 30도가 넘어가거든요. 대신 겨울엔 좀 비가 많이 와서 별로예요."

유럽에 산다는 강사는 아직 화면에 나타나지 않았다. 다음 일정이 빠듯했던 서도훈 박사는 소개를 서둘렀다.

"그럼 아직 강사님이 오기 전이지만 먼저 그분 소개를 할게요. 오늘 강의하실 분은 비엔피파리바의 하신우 이사님이에요. 비엔피파리바는 소시에테제네랄, 크레디아그리콜과 함께 프랑스에서 제일 큰 은행이지요."

서도훈 박사가 설명하는 사이 잠에서 막 깬 듯한 얼굴이 화면에 등장했다.

"서도훈 박사님이시죠? 조금 늦어서 죄송합니다. 비엔피파리바에서 일하고 있는 하신우입니다."

"아, 이제 오셨네요. 여러분, 하신우 이사님과 서로 인사 나누세요."

"안녕하세요."

인사를 마친 아이들은 화면 속의 하신우 이사를 유심히 살폈다. 하신우 이사는 부스스한 겉모양새에도 가려지지 않는 선하고 좋은 인상을 가지고 있었다.

"여러분, 제가 좀 늦었죠? 정말 미안해요. 아침 7시에 딱 맞춰 들어왔어야 했는데 깜빡했어요. 토요일 아침은 보통 늦잠 자는 때라서, 알람을 맞춰 두었는데도 저도 모르게 도로 깜빡 잠들었나 봐요. 다시 한번 사과할게요."

아이들은 자기들 수업 때문에 하신우 이사가 토요일 오전 7시 전에 깼어야 했다는 사실이 되레 미안했다. 이선호가 질문을 개시했다.

"그럼, 지금 파리에 사시는 거예요?"

"파리요? 아, 아니요. 저는 영국 런던에 살아요."

어리둥절해진 아이들이 서로 돌아보는 사이 하신우 이사가 재빨리 말을 덧붙였다.

"비엔피파리바가 프랑스 은행이지만 프랑스 바깥에도 지점이 많이 있어요. 특히 런던은 전 세계적으로 중요한 글로벌 금융 허브라서 주요 은행들이 모두 지점을 두죠. 저를 처음 뽑은 건 비엔피파리바 파리 본점이었는데 나중에 런던 지점으로 저를 보낸 거예요."

김윤재가 뒤를 이어 질문했다.

"근데 어떻게 프랑스 은행에 들어가신 거예요? 한국 사람한테 굉장히 힘든 일 아닌가요?"

"제 소개를 간단하게라도 해야겠네요. 제가 서울에서 학부를 건축학으로 했지만, 석사는 금융공학을 했어요. 그런데 제가 석사를 한학교가 프랑스에 있어요. 에콜 폴리테크니크라는 곳과 지금은 다시 소르본대학의 일부가 된 파리 제6대학이 같이 운영하던 프로그램이었지요. 당연한 얘기처럼 들릴 수 있지만 대학은 원래 학부든 대학원이든 그 대학이 있는 나라에서 직장을 구할 수 있게 도와주는 곳이에요. 달리 말해 기러기라는 나라의 학위를 가지고 나포리라는 나라에서 취직하기를 기대하는 건 무리한 일이죠. 이건 사실 미국 대학의 학위도 마찬가지예요. 가령, 오스트레일리아에 가서 살고 싶은 사람이 미국에서 공부를 한다면 앞뒤가 안 맞는 거죠. 저는 유럽에서 일하는 데 관심이 있어서 이쪽으로 왔어요."

하신우 이사의 이야기를 듣고 있던 서도훈 박사가 중간에 말을 보탰다.

"우리 이사님이 겸손해서서 그렇지, 사실 금융공학 바닥에서 되게 유명한 교수님 밑에서 공부를 하셨어요. 에콜 폴리테크니크도 프랑스에서는 엄청 좋은 학교고요."

아이들은 금융공학이라는 말이 생소했다. 금융수학만 해도 최소한 금융과 관련된 수학이라는 짐작이 가능했다. 반면 금융과 관련한 공학이라니 어색하기 짝이 없었다. 금융이 어떻게 공학이 될 수 있는지 이해하기 어려웠다. 김윤재가 질문했다.

"금융이 어떻게 공학이 될 수 있어요? 그런 말은 처음 듣는데요."

서도훈 박사가 하신우 이사의 눈치를 살피며 먼저 대답했다.

"금융공학이라는 말이 익숙하지 않지요? 금융공학은 영어의 파이낸셜 엔지니어링을 그대로 우리말로 옮긴 거예요. 파이낸셜 엔지니어링은 파생금융거래의 가격을 구해 트레이딩하고 또 그 리스크를 관리하는 모든 일을 가리켜요. 금융계 전체에서 파생거래를 트레이딩하는 사람들이 제일 머리 좋고 똑똑한 사람들이지요."

아이들은 계속 튀어나오는 새로운 용어에 어쩔 줄 몰라 했다. 다시 이선호가 물었다.

"파생거래는 또 뭐예요? 너무 어려워요."

"오늘 강사님이 그게 뭔지를 이야기해 주실 거예요. 내가 해도 되지만 전문가에게 직접 듣는 게 더 낫겠죠? 나는 대신 금융공학의 배경을 좀 더 소개할게요.

금융공학이 처음 시작된 나라로 보통 미국을 꼽죠. 1973년 시카

165

고대학의 피셔 블랙과 마이런숄즈가 발표한 이른바 블랙숄즈 공식을 출발점으로 보는 거예요. 블랙숄즈 공식은 파생거래의 한 종류인 옵션의 가격을 구하는 공식이거든요. 그런데 이미 수십 년 전에 비슷한 관점에서 옵션의 가격 공식을 만든 사람이 다른 나라에 있었어요. 1900년 파리대학에서 '투기 이론'이라는 논문으로 박사학위를 받은 베장송대학의 루이 바슐리에였지요.

이처럼 남다른 기원을 가진 프랑스는 실력 좋은 금융 엔지니어, 즉 일명 퀀트를 길러 내는 걸로도 유명해요. 특히 '퀀트의 여신'이라는 별명을 가진 니콜 엘카루이가 시작한 에콜 폴리테크니크 및 파리 제6대학의 석사 과정은 전 세계적으로도 이름난 금융공학 프로그램이에요. 또 엘카루이와 함께 해당 과정을 열었던 파리 제9대학의 엘리예트 제망도 명성이 높지요. 암튼 하신우 이사님은 이쪽 바닥에서 자랑할 만한 경력을 가지고 있어요."

하신우 이사는 눈에 띄게 민망해했다. 서도훈 박사는 이만하면 충분한 소개가 되었다고 느꼈는지 작별 인사를 했다.

"그럼 저는 이만 물러가겠습니다. 하신우 이사님, 나중에 혹시 싱가포르 오실 일 있으면 언제든 연락 주세요. 여러분도 오늘 좋은 강의 잘 듣고 나중에 기회가 되면 또 만나요. 안녕!"

서도훈 박사가 화면에서 사라진 후 잠시 적막이 흘렀다. 적막을 깬 건 역시 이선호였다.

"구체적으로 어떤 일을 하시는지 말씀해 주실 수 있나요?"

어색함을 빨리 떨치려는 듯 하신우 이사는 기운을 끌어올리며 말했다.

"물론이죠. 내가 하는 일은 비철금속 기초 자산의 파생거래 트레이딩이에요. 우리 은행의 손님인 다른 금융회사나 헤지펀드가 원하는 파생계약을 만들어 거래하고 또 그러한 거래들을 담아 둔 트레이딩 북의 리스크 관리를 하는 거지요."

아이들은 입을 쩍 벌렸다. 하신우 이사가 말한 대부분의 용어가 거의 외계어처럼 들려서였다. 하신우 이사는 자기 말이 어떻게 아이들에게 들렸을지를 모르지 않았다.

"처음 들어 보는 말이 너무 많지요? 보통 사람들이 금융을 어렵게 느끼는 한 가지 큰 이유가 이거라고 생각해요. 금융에서 사용하는 낯선 용어가 너무 많은 거죠.

그렇지만 그건 다른 분야도 다 마찬가지예요. 내가 학부 때 공부했던 건축도 관련 용어를 배우기 전에는 별나라 이야기 같았다니까요. 용어가 어렵게 들린다고 지레 포기하면 제자리에 머물 수밖에 없시요.

내가 방금 말한 용어들을 여러분 눈높이에 맞춰 설명해 볼 테니 잘 들어보세요. 먼저 비철금속은 금이나 은 같은 귀금속과 철을 제외한 나머지 금속 종류 모두를 가리키는 말이에요. 여기에는 알루미늄,

구리, 니켈, 아연 등이 포함되지요. 비철금속은 오늘날 우리가 누리고 있는 현대 물질문명의 작동에 굉장히 중요한 역할을 해요. 그래서 이들 비철금속을 사고파는 시장이 전 세계에 있지요.

트레이딩은 말 그대로 사고파는 일을 가리켜요. 뭔가를 싸게 사서 비싸게 팔면 돈이 남겠죠? 은행 같은 금융회사가 하는 일이 바로 그거예요. 트레이딩 북은 은행이 한 거래들을 기록해 놓은 장부라고 생각하면 좋을 것 같아요. 리스크 관리는 거래 장부가 돈을 잃지 않도록 하는 일 전체를 가리키지요."

막상 하신우 이사의 설명을 듣고 보니 별게 없었다. 이를테면 사과를 사고파는 일과 다르지 않았다. 값이 오를 거라 생각해서 사과를 사는 건 본질이 도박이자 투기였다. 이걸로 큰돈을 벌 때가 없는 건 아니지만 오래 하면 할수록 큰 손실을 볼 가능성은 커졌다. 반면 사과를 팔 가격보다 싼 값에 사 그때그때 내다 팔면 작은 돈이지만 이익이 났다. 그걸 꾸준히 하는 게 비즈니스였다. 즉 은행은 파생계약을 사고파는 비즈니스를 했다. 하신우 이사는 자기가 말한 용어 중에 가장 어렵게 들릴 거를 일부러 마지막까지 남겨 두었다.

"아직 내가 설명하지 않은 게 하나 있죠? 바로 파생거래 혹은 파생계약이에요. 파생거래는 뭔가를 사고파는 통상의 거래에서 파생된 새로운 금융거래를 의미해요. 좀 더 쉽게 말하면 뭔가의 가격에 따라 주고받는 돈이 달라지는 새로운 계약이에요.

금을 예로 들어 설명해 볼게요. 실물 금을 사고파는 건 통상의 거래죠. 실물 금의 가격은 보통 1트로이온스^{troy ounce} 당 미국 달러의 양으로 매겨요. 1트로이온스는 31.1034768그램에 해당하는 질량이고요. 현재 전 세계 금 가격의 기준은 런던금괴시장협회의 14개 회원 은행이 정해요. 그중에는 서도훈 박사님이 일하는 토론토도미니언은 행도 있지요.

현재 금값이 1,900달러라고 할 때 6개월 후에 금값이 2,000달러 이상이 되면 10억 원을 받는 계약이 있다고 해 봐요. 이게 계약인 이유는 10억 원을 주는 쪽과 받는 쪽의 두 상대방이 필요하기 때문이에요. 대개는 은행이 10억 원을 주는 쪽이 되고 헤지펀드나 개인이 10억 원을 받는 쪽이 되지요."

아이들은 눈을 깜박거렸다. 금 가격이 2,000달러가 되면 돈을 주고받는 계약 구조가 이해하기 어려운 건 아니었다. 그건 숫자 여섯 개를 맞추면 상금을 받는 로또와 기본적으로 다르지 않았다. 아이들이 이해하기 어려운 건 그런 게 왜 필요한지였다. 좀처럼 질문을 하지 않던 민준이는 이것만큼은 직접 물어보고 싶어졌다.

"왜 그런 게 필요하죠? 그런 건 도박 아니에요?"

하신우 이사는 썩은 미소를 지었다. 마치 나쁜 일을 저지르다가 갑작스레 들킨 사람 같았다.

"하, 여기에는 두 가지 대답이 있어요. 하나는 금융학계와 업계의 공식적인 대답이고 다른 하나는 나의 비공식적인 대답이지요. 공식적인 대답을 하자면 파생거래는 리스크를 헤지하기 위해 존재해요. 헤지란 위험을 줄이거나 없애는 일을 가리켜요. 예를 들어 금값이 2,000달러를 넘기면 큰 손실을 보는 사람이 있다면 방금 내가 얘기한 파생계약이 손실을 줄이는 데에 도움이 될 수 있겠죠."

잇따라 엄서진이 물어봤다.

"비공식적인 대답이 궁금해요. 알려 주시면 안 돼요?"

"그보다는 가장 기초적인 파생거래를 먼저 좀 설명할게요. 내가 가진 비공식적인 생각은 오늘 강의가 끝나기 전에 말할 기회가 있을 거 같아요."

"네."

엄서진은 선선히 대답했다. 하신우 이사는 준비해 온 강의를 시작했다.

"파생거래는 종류가 굉장히 많아요. 내가 아까 얘기한 파생거래는 사실 단순한 편에 속하죠. 여러 다양한 파생거래 중에 가장 기본이 되는 파생거래가 바로 포워드^{forward}예요. 포워드라는 말 들어 본 적 있어요?"

민준이는 포워드라는 말이 완전히 낯설지 않았다. 축구에 죽고 못 살던 초등학교 친구 구수호 덕분이었다. 민준이는 밑져야 본전이라는 생각으로 말했다.

"들어 본 적은 있지만 금융은 아니었어요. 축구에선 전방 공격수를 뜻하는 말인데요."

"하하, 맞아요, 그런 포워드도 있어요. 포워드라는 단어가 앞을 뜻하니까요. 금융에서 포워드는 스팟거래와 짝을 이루어요. 스팟거래는 다른 말로 현물거래라고도 하는데 우리가 보통 생각하는 일반적인 거래예요. 가령, 우리가 편의점에 가서 우유를 사면 그 자리에서 돈을 내고 우유를 받아 오지요? 다르게 말하면 우유와 돈을 그 자리에서 즉시 맞바꾸는 거예요.

포워드는 한 가지만 빼면 현물거래와 똑같은 거래예요. 바로 물건과 돈을 주고받는 시점이 지금 당장이 아니라 미리 정해 놓은 미래의 어느 때라는 거지요. 예를 들어 금을 포워드 거래할 때 두 거래 당사자는 거래할 금의 수량과 가격도 미리 합의하게 돼요. 거래한 시점은 지금인데 실제의 교환은 나중에 이뤄진다는 게 핵심이에요."

아이들은 조금 김이 샜다. 파생거래가 대단한 뭔가일 줄 알았는데 대표적인 파생거래라는 포워드는 시시하기 짝이 없었다. 말하자면 포워드는 배송에 시간이 걸리는 온라인 쇼핑과 다르지 않은 듯했다. 김윤재가 질문을 던졌다.

"나중에 물건과 돈을 주고받는 게 그렇게 대단한 일인가요? 이게 왜 중요한 거죠?"

"한 가지 이유는 뭔가를 빌려주는 걸 금지하는 법규를 포워드로 우회할 수 있기 때문이에요. 가령 금을 빌려주고 이자를 받는 샤일록이 가진 금이 모두 100온스라고 해 봐요. 유저리로 더 많은 돈을 불리고 싶은 샤일록은 100온스를 다 빌려주고 나면 더 이상 빌려줄 금이 없죠. 그런데 여기서 샤일록은 못된 꾀를 내요. 금을 빌려줄 때 실물 금 대신 금 증서를 주는 거예요. 쉽게 말해 없는 금을 빌려주면서 이자를 받는 거죠. 사기가 아니라고 말할 수 없겠지요? 이런 일은 금뿐만이 아니라 옥수수와 밀을 보관하는 창고업자들도 저질렀어요.

이게 문제가 돼서 금지가 되자 창고업자들은 포워드를 대신 거래하기 시작했어요. 밀을 지금 빌려주고 나중에 이자와 함께 돌려받는 건 밀을 지금 현물로 팔고 포워드로 사는 것과 밀의 유출입 관점에서 전적으로 똑같으니까요. 창고업자들은 포워드가 농부들이 필요로 하는 헤지 수단이라고 주장했어요. 수확할 때의 밀 가격이 떨어지는 걸 걱정한 농부들이 포워드로 밀을 팔면 문제가 해결된다는 거였죠. 아이러니하게도 포워드를 거래하는 농부는 별로 없었어요. 농부들은 포워드를 싫어하다 못해 혐오했거든요.

포워드를 하는 또 다른 이유는 가진 돈이 없어도 돈내기를 크게 할 수 있기 때문이에요. 가령 금값이 6개월 후에 뛸 거라고 믿는다면 만기가 6개월인 포워드로 금을 사는 거지요. 그렇게 사 놓은 금값이 2,000달러였는데 6개월 뒤에 2,500달러에 현물 금이 팔리면 온스당 500달러씩 돈을 불리게 되는 셈이죠.

포워드에는 한 가지 문제가 있었는데 두 거래 당사자 중 손실을 본 쪽이 계약을 지키지 않을 위험이 있다는 거였어요. 방금 전 예에서 포워드로 금을 판 상대방이 실제로 가진 금이 없다면 고스란히 온스당 500달러씩 손해를 보고 그 결과 심하면 파산하거나 야밤에 도주하는 일이 벌어졌죠. 그걸 막고자 업자들이 미리 보증금을 받는 포워드를 만들었는데 이를 퓨처스futures라고 불러요."

아이들은 마음이 산란했다. 배우면 배울수록 금융이 무슨 쓸모를 가지는지 의문이 생겼다. 설명하면서 점점 곤혹스러운 표정을 지은 하신우 이사는 작정했다는 듯 입을 열었다.

"내가 말을 할 때 가능한 한 외국어를 쓰지 않고 우리말을 쓰려고 했던 거 혹시 알까요? 여러분이 못 느꼈을지 모르겠지만 암튼 그랬어요. 그래서 지금 무척 괴로워요. 포워드랑 퓨처스라는 말을 계속 써야 했기 때문이에요."

엄서진이 조곤조곤히 물었다.

"포워드와 퓨처스에 해당하는 우리말은 없나요?"

"한국에서 공식적으로 쓰는 말이 있기는 있어요. 포워드는 선도先渡, 퓨처스는 선물先物이라고 해요. 한국거래소에서 이 말을 쓰고 대학에서도 이 말을 가르치지요. 나도 한국에서 공부할 때 그렇게 배웠어요."

아이들은 모두 멍해졌다. 우리말을 쓰려고 애쓰는 사람이 멀쩡히 있는 용어를 안 쓰려고 했다는 얘기였다. 무슨 연유인지 알 길이 없었던 엄서진이 다시 물었다.

"무슨 이유가 있으세요?"

"영어의 포워드와 퓨처는 모두 앞으로 다가올 때, 즉 미래를 가리키는 단어지요?"

"네."

"포워드와 퓨처스는 미래에 돈과 물건을 주고받는 파생거래예요. 그러니까 말이 되지요. 그런데 선도와 선물은 어떤가요? 선도와 선물의 앞 글자는 둘 다 '먼저 선先'이에요. 즉 선이란 미래가 아닌 과거를 가리키죠. 미래를 가리키는 한자가 없지는 않은데 그건 바로 '뒤 후後'예요. 일례로, 나중에 돈을 내는 걸 가리켜 실제로 후불이라는 말을 쓰잖아요. 그러니까 포워드와 퓨처스를 제대로 옮기려 했다면 선도, 선물이 아닌 후도, 후물이 돼야 했었어요."

아이들 모두 듣고 보니 진짜 그랬다. 전혀 말이 안 되는 용어를 쓰고 있다는 얘기였다. 아이들의 궁금함은 더욱 커졌다. 엄서진이 평소보다 높아진 목소리로 또 물었다.

"후도, 후물로 말을 고치면 되는 거 아니에요?"

"내가 그 얘기를 꽤 하고 다녔어요. 그런데 아무도 들은 척도 안하는 거예요. 그러다 얼마 전 우연한 기회에 알게 됐어요. 일본에서 '먼저 선'은 나중을 나타내는 말로 사용된다는 거예요. 즉 일본말로

174

선도, 선물은 미래의 교환이 될 수 있는 거지요.

하지만 일본말로 말이 된다고 해서 우리가 그대로 우리말로 써야 할 이유는 없잖아요. 그러니까 선도, 선물이라는 말을 대학에서 가르친다는 건 정말 부끄러운 일이에요. 아무 생각 없이 일본 거를 그냥 베꼈다는 얘기니까요. 난 이걸 깨달았을 때 너무 창피한 나머지 얼굴이 화끈거렸어요. 그래서 결심했어요. 선도, 선물이라는 말을 다른 사람들이 안 쓰게 만들 힘은 내게 없지만 나 혼자만이라도 그런 말은 쓰지 말자고요. 그게 내가 될 수 있으면 외국어를 쓰지 않으려는 원칙에도 불구하고 포워드, 퓨처스라는 말을 쓰는 이유예요."

말을 마친 하신우 이사의 얼굴은 유난히도 슬퍼 보였다.

$

미래는 과거의 단순한 반복이 아니니
과거에 속지 마

　12월 초의 토요일, 민준이가 향한 곳은 그동안 국제금융올림피아드 준비 수업을 듣던 대학교가 아니었다. 2학기 초까지 민준이가 다니던 프로그래밍 학원이었다. 지난 몇 달 동안은 시간이 나질 않아 학원에 다니지 못했다. 이제 토요일에 준비 수업이 더 이상 없으니 다시 코딩 수업을 들으려는 거였다.

　학원 수업 시간보다 일찍 도착한 민준이를 학원의 홍현조 선생님이 반겼다.

　"민준아, 오랜만이다."

　"선생님, 안녕하세요?"

　대학 때 통계와 경영을 복수 전공한 홍현조 선생님은 금융경시대회에서 민준이가 활약하는 걸 누구보다도 큰 관심을 가지고 지켜봤다.

"국제금융올림피아드 준비 수업은 어땠니? 새로운 거 많이 배웠어?"

"네. 그런데 배우면 배울수록 더 어려워지는 거 같아요. 그래도 금융이라는 분야에 대한 관심은 확실히 생겼어요."

"내 막연한 느낌으로는 네 금융 실력이 나를 넘어섰을 거 같은데."

응원이 담긴 홍현조 선생님의 칭찬에 민준이는 얼굴만 붉힐 뿐 아무런 대답을 하지 못했다. 지난 며칠 동안 민준이는 수업에서 들었던 주제 한 가지를 가지고 별 소득 없이 씨름해 오고 있었다. 그런 만큼 자기 실력에 대한 자신감이 크지 않았다. 홍현조 선생님은 무안해하는 민준이를 보며 얼른 화제를 돌렸다.

"언제 떠나니? 대회가 열리는 곳이 어디지?"

"다음 주 토요일에 출발해요. 스위스 취리히로 가요."

민준이의 말을 들은 홍현조 선생님의 눈빛이 반짝였다.

"그래? 스위스 취리히라면 에테하가 있는 곳이잖아. 거기서 대회를 하는 모양이지?"

"네? 뭐라고 하셨어요?"

"아, 영어로 읽으면 이티에이치[ETH]가 되겠지? 정식 명칭을 우리말로 풀면 취리히연방기술원이 될 거고. 스위스가 재미있는 나라라서 독일어, 프랑스어, 이탈리아어를 쓰는데, 취리히는 독일어를 쓰는 곳이라 거기 사람들은 그걸 에테하라고 읽어. 취리히연방기술원은 에콜 폴리테크니크 페데랄 드 로잔, 즉 로잔연방기술원과 함께 스위스를 대표하는 대학이야."

이번에는 민준이가 홍현조 선생님의 말씀을 알아듣는 데 아무런 문제가 없었다.

"네, 거기 맞는 거 같아요."

"사람들이 잘 몰라서 그렇지, 취리히연방기술원은 유럽의 엠아이티라는 별명이 있을 정도로 좋은 학교야. 사실 그런 별명은 취리히연방기술원에게는 억울한 노릇이지. 왜냐하면 1861년에 생긴 매사추세츠기술원보다 6년 먼저 생겼거든. 한국과학기술원이 처음 생길 때 매사추세츠기술원의 모델을 많이 참고했는데, 이런 학교들이 모델로 삼았던 학교는 또 따로 있어. 바로 프랑스의 에콜 폴리테크니크야. 프랑스 혁명 때 생긴 에콜 폴리테크니크는 프랑스의 미래를 짊어질 군사 엔지니어를 길러 낼 목적으로 설립되었지. 1년에 약 500명 뽑는 에콜 폴리테크니크에 입학하기 위한 프랑스 내 경쟁은 지금도 엄청나."

민준이는 얼마 전에 하신우 이사와 서도훈 박사를 통해 알게 되었던 학교 이름을 다시 듣게 된 게 신기했다. 홍현조 선생님은 신이 난 듯 이야기를 계속했다.

"취리히연방기술원은 특히 알버트 아인슈타인의 모교로도 유명해. 학부 성적이 그렇게 좋지 못했던 아인슈타인은 에테하 졸업 후

2년 가까이 백수로 지낸 끝에 겨우 스위스특허청에 특허심사관으로 취직할 수 있었지. 당시 아인슈타인을 가르쳤던 교수들이나 그와 같이 공부했던 동기들 중에 그가 몇 년 후에 20세기를 대표하는 물리학자가 될 줄 알았던 사람은 아무도 없었을 거야."

"어떻게 그런 걸 다 아세요?"

"사실은 내가 여기를 꽤 자세하게 알아봤거든. 금융의 리스크 개념에 관심이 생겨 공부를 더 해 볼까 하고 찾아보던 중에 취리히연방기술원에 리스크센터라는 다학제 연구소가 있다는 걸 알게 됐어. 특히 지진을 예측하는 방법을 갖고 금융 버블을 예측하려는 디디에 소르네트라는 교수가 유명해."

홍현조 선생님을 따르는 마음이 큰 민준이는 선생님과 헤어질까 봐 걱정이 앞섰다.

"거기로 유학 가실 거예요?"

민준이의 말에 홍현조 선생님은 어깨를 움츠렸다.

"아직 정해진 건 없어. 알아보고만 있을 뿐 지원서도 내기 전인걸. 그리고 내가 가고 싶다고 다 가게 되는 것도 아니니까. 학교가 입학 허가를 내주지 않으면 소용없는 일이잖아. 그래도 더 나이가 들기 전에 한번 도전해 보고 싶은 마음은 있어."

"네."

민준이는 홍현조 선생님의 마음이 어떤 것인지 알 것도 같았다.

그건 자신이 몇 달 전 손병석 선생님과 이야기를 나눈 끝에 내린 결론과 다르지 않을 듯싶었다.

홍현조 선생님의 이야기가 민준이에게 유다르게 들린 또 다른 이유가 있었다. 민준이는 요사이 새로운 관심사가 생겼다. 바로 특성화고등학교였다. 예전에는 일반고를 거쳐 대학을 나오지 않으면 좋은 직장을 가질 수 없었다. 지금은 오히려 하나를 정해 고등학교 때부터 파서 나쁠 게 없다는 생각이 심지어 대치동 엄마들 사이에서도 생겨났다. 민준이는 게임 개발이나 인공지능을 배울 수 있는 소프트웨어고등학교나 금융에 특화된 금융특성화고등학교 같은 곳에 눈길이 갔다. 홍현조 선생님은 문득 프로그래밍 이야기를 꺼냈다.

"그동안 코딩은 어땠어? 요즘 짜고 있는 프로그램이 있어?"

민준이는 프로그래밍 이야기가 나온 게 반가웠다. 뚜렷한 답을 찾지 못하던 금융 문제와도 관련이 있기 때문이었다.

"많이는 못 했지만 하던 게 있긴 있어요. 금융과 관련된 거예요. 그런데 아직 답을 잘 모르겠어요."

홍현조 선생님도 금융 이야기가 반가웠다. 지금은 학원에서 아이들에게 프로그래밍을 가르치고 있지만 대학 때 통계와 경영을 복수전공한 이유가 바로 금융에 대한 관심 때문이었다.

"오, 그럼 한번 뭔지 말해 보렴. 내가 도움이 될지 혹시 또 모르잖아."

민준이는 홍현조 선생님의 관심이 기뻤다. 선생님과 이야기하다 보면 해답에 이르는 새로운 관점을 배우게 될지도 모를 일이었다.

"국제금융올림피아드 준비 수업에서 배운 건데요. 환율은 일방적으로 오르거나 내리기보다는 어떤 특정한 범위 안의 값을 갖는 게 일반적이래요. 이런 얘기 들어보셨어요?"

"국제경제학 과목 들을 때 환율을 배우긴 했어. 환율에 영향을 주는 여러 요소가 있는데 너무 극단적으로 변하면 국가 차원에서 실제로 외환시장에 개입하기도 하거든. 그런 관점에서 특정한 범위 안에서 환율이 변한다고 이야기할 수도 있을 듯해."

"실제 과거 데이터를 봐도 아주 틀린 이야기는 아닌 것 같아요. 제가 유로-원의 과거 10년간 환율을 확인해 봤거든요. 제일 높았을 때가 약 1,484, 제일 낮았을 때가 약 1,168이었어요. 그러니까 1유로는 1,168~1,484원이라는 가격 범위를 가지고 있다고 얘기할 수 있잖아요."

홍현조 선생님은 민준이의 이야기에서 아무런 문제를 찾을 수 없었다.

"응. 그런데 뭔가 문제가 있어?"

"저도 어떤 범위 안에서 거래되는 경향이 환율에 있다는 건 이해가 돼요. 그런데 어떤 교수님이 얘기하시기를 그러한 성질을 이용해서 돈을 불릴 수 있다는 거예요. 쉽게 말해 현재 환율이 범위의 끝 쪽에 가까우면 반대 방향의 환율 변화를 예상해 거래를 일으키라는 얘기였어요. 저는 그게 정말로 성립되는 얘긴지 잘 모르겠어요."

"지금 유로 – 원은 얼마나 돼?"

"제가 이걸 처음 살펴봤을 때인 10월 중순에는 1,437.6이었어요. 어제 확인했을 때는 1,446.3으로 10월 중순보다 더 높아졌어요."

"그러니까 현재 환율이 1,484라는 범위의 위쪽 끝에 가까우니 지금 유로를 팔면 돈을 불릴 수 있다는 얘긴 거지?"

"네."

홍현조 선생님은 방금 들은 이야기를 여러 면으로 따져 보았다. 홍현조 선생님이 다시 입을 열 때까지 오랜 시간이 걸리지는 않았다.

"세 가지를 물어보고 싶어. 첫 번째로, 나는 가지고 있는 유로가 없어. 그러니까 팔고 싶어도 팔 유로가 없는 거야. 이럴 때는 어떻게 할 수 있지?"

뜻밖에도 민준이는 별로 당황한 낌새를 보이지 않았다. 홍현조 선생님의 첫 번째 질문은 민준이가 이미 고민을 끝낸 주제였다. 민준이는 조심스러우면서도 자신 있게 대답했다.

"현물 유로가 없어도 팔 방법이 아예 없는 건 아니에요. 포워드라는 파생거래를 이런 용도로 쓸 수 있다고 배웠거든요. 그러니까 유로 – 원 포워드를 팔면 돼요. 팔고 나서 유로 – 원 환율이 기대한 대로 내려가면 그 차이가 고스란히 이익으로 남을 거예요."

"오, 훌륭한 대답이야! 우리나라를 대표해 국제금융올림피아드에 참가할 만해. 그럼 두 번째로, 실은 이게 더 중요한데, 미래가 과거의 단순한 반복일까 하는 질문이야. 넌 어떻게 생각해?"

"글쎄요. 과거에 벌어졌던 일은 미래에도 반복될 가능성이 크지 않을까요?"

"그 말에는 동의해. 그렇다면 과거에 일어나지 않았던 일은 어때?"

민준이는 이번 질문에는 쉽게 대답하지 못했다. 한참을 끙끙댄 끝에 자신 없는 목소리로 겨우 대답했다.

"비슷하게, 그만큼 일어나기 어려운 거 아닐까요?"

"질문을 바꿔서 물어볼게. 예전에 발생한 적이 없다는 사실이 앞으로도 그런 일이 없을 거라는 걸 보장해 줄 수 있을까?"

이번 질문은 민준이가 대답하기에 아까만큼 어렵지 않았다.

"그건 아닌 것 같아요."

"맞아. 그게 참이라면 세상은 태엽으로 작동하는 시계와 다르지 않을 거야. 더불어 인류도 그동안 아무런 진보도 이루지 못했을 거고. 라이트 형제가 최초의 동력 비행을 성공시키기 전까지는 비행기라는 건 아예 존재하지도 않았으니까."

"선생님 말씀은, 그러니까, 지난 10년간 유로-원이 1,484를 넘은 적이 없다고 해도 앞으로는 여전히 넘을 가능성이 있다는 얘기죠?"

"응. 사실 난 민준이 네가 왜 지난 10년간의 환율만 본 건지 이해가 잘 안돼."

"그건 이걸 얘기하신 교수님이 보통은 5년을 따지지만, 더 길게 10년을 보는 게 좋다고 해서 그런 건데요."

"그럼 그 교수가 5년이 아닌 3년으로 충분하다고 했다면 그대로 따를 거야? 그거보다 더 먼 과거를 참고해 볼 생각은 안 들었어?"

방망이로 맞은 양 민준이 머리에 번쩍 불이 들어왔다. 왜 그 생각을 못 했는지 스스로가 한심할 따름이었다. 급하게 찾아보고 놀란 민준이의 낯빛이 새하얘졌다.

"선생님, 찾아보니 유로-원이 1,940까지 올라간 적도 있는 것 같아요. 2009년 2월이에요."

"그 이상도 불가능할 이유는 없지. 이제 마지막 세 번째로, 유로-원이 1,484를 넘길 가능성이 미미하다고 생각해 봐. 그래서 1,484에 엄청난 금액의 유로를 파는 포워드를 했다면 어떨 것 같아? 가령, 10만 유로를 1,484에 포워드로 팔았는데 환율이 기대대로 내려가서 1,384가 됐다면 약 1억 4천만 원의 돈이 생겨. 1,284까지 떨어지면 약 2억 9천만 원이 생기고. 이해돼?"

"네, 돈이 엄청 불어나네요."

"어차피 떨어질 가능성이 크다면 유로를 더 많이 팔고 싶지 않을까? 더 큰 금액으로 판 만큼 이익이 커질 거잖아. 10만 유로를 팔 게 아니라 그 10배인 100만 유로를 팔면 14억, 29억, 이런 돈이 생기는 거야. 어때?"

민준이는 마음이 뭔가 불편했다. 왜인지 정확히 설명하지는 못해도 그렇게 하면 안 될 것 같았다. 민준이가 대답을 하지 못하자 홍현조 선생님이 대답을 대신했다.

"조금 전 설명에서 빠진 게 하나 있어. 그건 내가 가진 돈이 얼마나 되는지야. 선생님은 100만 유로는 고사하고 10만 유로도 할 생각이 없고 또 해서도 안 돼. 왜냐하면 선생님의 전 재산은 1억 원이 안 되거든. 하지만 전 재산이 100억 원이 넘는 사람이라면 10만 유로 정도는 해도 괜찮을지 모르지. 몇억 원을 잃어도 완전히 망하는 건 아니니까 말이야."

어느 사이 학원 수업을 시작할 시간이 되었다. 다른 아이들이 이미 교실을 채웠다. 홍현조 선생님은 급하게 말을 마무리 지었다.

"암튼 금융에서 이익이 날 확률만 생각하지 말고 손실의 잠재적인 최대 크기도 같이 생각하는 버릇을 들이면 좋을 거야. 행운을 빌어!"

다음 주 토요일 오후, 민준이와 아이들은 취리히로 가는 비행기에 올랐다. 프랑스 파리를 경유해 취리히 공항에 도착한 시간은 밤 9시가 넘었다. 민준이와 아이들은 설레는 마음과 피곤한 몸으로 숙소에 도착했다. 12월의 취리히는 생각했던 만큼 아주 춥지는 않았다. 성탄절을 앞두고 도시의 골목골목은 흥겹게 들떠 있었다.

공식적인 대회는 주말을 지나고 그다음 화요일과 수요일에 열릴 예정이었다. 참가자들이 풀어야 하는 문제는 날마다 세 문제씩이었다. 시험은 오전 9시에 시작해서 정오까지 세 시간 동안 진행될 거라고 안내되었다. 날마다의 시험에서 뒤에 나오는 문제일수록 어렵다는 소문이 학생들 사이에 돌았다. 민준이와 아이들은 시차에 적응해 가며 차분하게 대회를 준비했다.

첫날인 화요일 시험에서 문제지를 받고 재빨리 훑은 민준이는 기분 좋은 놀라움을 느꼈다. 손도 못 대는 문제들만 나오리라는 민준이의 예상이 완전히 빗나갔기 때문이었다. 오늘 풀어야 하는 세 문제는 모두 파생거래와 관련된 문제였다. 민준이는 그동안의 준비 수업이 새삼 고마웠다.

특히 3번 문제는 민준이를 기쁘게 했다. 그 문제는 아래와 같았다.

'3. 서부 텍사스유는 1974년 이래로 현재까지 1배럴당 10달러에서 145달러 사이에서 거래되어 왔습니다. 배럴^{barrel}은 미국에서 사용하는 부피 단위로 원유를 대상으로 할 때는 42미국 갤런^{U.S. gallon}과 같으며 국제단위로는 약 159리터^{liter}에 해당합니다. 현재 서부 텍사스유는 배럴당 약 81달러에 거래되고 있습니다.

2019년 2월부터 12월까지 서부 텍사스유는 배럴당 51달러에서

66달러 사이에서 거래가 되었습니다. 2019년 12월 31일에 61.14달러로 거래를 마쳤던 서부 텍사스유는 2020년 1월 말에 51.58달러, 2월 말에 44.83달러로 하락세를 보였습니다. 이어 3월 20일 금요일에는 19.48달러를 기록해 2002년 2월 7일 이래로 약 17년 만에 처음으로 종가가 20달러 아래로 내려왔습니다. 주말을 보내고 난 후인 3월 23일 월요일에는 23.33달러로 반등했지만 다시 하락, 마침내 1주일 뒤인 3월 30일 월요일에는 배럴당 14.1달러로 거래를 마쳤습니다.

같은 날, 헤지펀드 에이케이알은 유가가 앞으로 더 떨어지기보다는 올라갈 확률이 훨씬 크다는 결론을 내리고 거래를 일으켰습니다. 그들은 그날 뉴욕상업거래소에서 서부 텍사스유 2020년 5월 퓨처스를 10만 계약만큼 샀습니다. 뉴욕상업거래소의 규정에 따르면 2020년 5월 퓨처스를 거래할 수 있는 마지막 날, 즉 만기일은 2020년 4월 21일 화요일입니다. 서부 텍사스유 퓨처스 1계약은 현물 서부 텍사스유 1,000배럴에 해당합니다. 당시 에이케이알이 운용했던 자산 규모는 약 50억 달러입니다.

위 거래를 평가하시오.'

시점이 다르고 거래물이 외국 돈에서 원유로 바뀌고 포워드 대신 퓨처스가 사용되었을 뿐, 3번 문제는 민준이가 그동안 혼자 씨름해 오던 문제와 본질이 다르지 않았다. 민준이는 홍현조 선생님에게 들은 대로 확률에 의존한 거래 결정에 적지 않은 위험이 있을 수 있다는 쪽으로 먼저 답의 방향을 잡았다.

한편으로 민준이는 걱정도 되었다. 이러한 거래 방식에 적지 않은 위험이 있다는 걸 언급하는 것만으로 충분한 답이 될 수 있을지 확신이 서지 않았다. 확률만 놓고 본다면 어쨌거나 이익을 볼 가능성이 큰 건 부인하기 어려운 사실 같았다. 무모한 거래를 했지만 운이 좋아서 돈을 크게 불리는 일이 없지 않으리란 건 민준이도 충분히 짐작할 수 있었다.

민준이는 혹시나 하는 마음으로 각종의 금융 및 경제 데이터가 담겨 있는 데이터베이스에 접속했다. 대회 주최 측은 학생들이 챗지피티ChatGPT 같은 인공지능을 이용해 답을 하는 걸 막기 위해 인터넷의 사용은 금지했다. 대신 학생들이 필요한 만큼 찾아볼 수 있도록 과거의 가격 데이터 등을 담은 데이터베이스를 제공했다. 데이터베이스의 사용은 필수는 아니었다.

2020년 4월 서부 텍사스유 가격은 안타깝게도 민준이의 짐작대로였다. 일례로, 거래가 있은 지 4일 뒤인 4월 3일 금요일의 종가는 28.36달러로 올라갔다. 사실 에이케이알은 서부 텍사스유를 현물로 산 게 아니라서 이 가격이 직접 영향을 주지는 않았다. 에이케이알에게 문제가 되는 가격은 퓨처스 가격이었다.

금융 교과서에 의하면 퓨처스의 가격은 현물 가격에 따라 결정되고 현물 가격과 크게 다르지 않으며 퓨처스의 만기일에 현물 가격으로 수렴되었다. 에이케이알이 거래했던 서부 텍사스유 2020년 5월 퓨처스의 종가는 4월 3일에 28.34달러로 상승했다. 즉 실제로 이때의 퓨처스 가격은 현물 가격과 거의 같았다. 그러므로 에이케이알이 3월 30일에 5월 퓨처스를 20달러에만 샀더라도 이미 약 8억 달러의 이익을 거뒀을 터였다. 무모한 도박에 성공하면서 에이케이알이 횡재를 만나는 셈이었다.

그게 끝은 아니었다. 4월 17일 금요일, 5월 퓨처스와 현물 종가는 각각 18.27달러, 18.31달러까지 내려왔다. 주말이 지나고 만기일 하루 전날인 4월 20일 월요일, 5월 퓨처스는 마이너스 37.63달러에 거래를 마쳤다. 현물 종가는 마이너스 36.98달러였다. 그건 믿을 수 없는 숫자였다. 이게 사실이라면 159리터에 달하는 멀쩡한 원유를 팔면 돈을 받기는커녕 오히려 37달러 정도를 내야 한다는 뜻이었다. 자료가 잘못 입력되었을 거라고 생각한 민준이는 시험 감독자에게 확인을 요청했다. 음의 가격으로 거래된 건 사실이었다. 민준이는 시장이라는 곳을 전적으로 믿으면 안 되겠다는 생각이 들었다.

또 원유 가격이 음수가 된 게 현물 탓일 리는 없었다. 그건 현물 거래량의 수백 배 이상으로 거래가 되는 파생거래 때문일 수밖에 없었다. 즉 꼬리에 불과하다던 파생거래가 현물을 별세상으로 보내는 진짜 몸통이라는 얘기였다. 이날 약 58억 달러의 손실을 본 에이케이

알의 파산은 필연이었다. 답안 쓰기를 마친 민준이는 이마에 송송 맺힌 식은땀을 훔쳤다.

미래가 민준이의 예상을 벗어나는 건 그게 다가 아니었다. 답안지를 제출하고 다른 아이들과 함께 시험장을 나서던 민준이 눈에 낯익은 얼굴이 들어왔다. 바로 옆 시험장에서 빠져나오던 서연이었다. 서연이는 양옆의 루크, 헤스티아와 사이좋게 이야기를 나누고 있었다. 민준이는 온몸이 얼어붙은 채 꼼짝도 하지 못했다.

12장

서로 돕고 함께 나누면
결국 파이가 더 커지기 마련이야

민준이를 포함한 한국 학생들을 발견한 서연이는 몹시 기쁘고 반가웠다. 서연이는 한국도 대회에 나온다는 얘기를 듣고 한국 학생들을 만날 기대에 부풀어 있었다. 특히 엄서진을 보고는 달가워했다. 인사를 나누고 이야기를 해 보니 서로 말도 잘 통했다. 엄서진과 연락처를 주고받은 서연이는 내일 시험을 보고 나서 집으로 돌아가기 전에 한번 따로 만나기로 약속했다.

다음 날이 되었다. 전날까지 맑았던 취리히의 날씨는 지난 밤사이 구름이 잔뜩 끼더니 결국 아침부터 눈이 내리기 시작했다. 취리히는 스위스의 수도는 아니지만 인구는 약 44만 명으로 가장 많은 도시였다. 그 넓이와 인구는 경기도에 있는 의정부시와 비슷했다. 안 그래도 동화 속 세상 같은 취리히는 함박눈이 모든 높낮이를 하얗게 뒤덮으면서 더욱 아기자기해졌다.

서연이는 어제 시험에서 진땀을 뺐다. 1번부터 3번까지 어느 문제도 쉽지 않았다. 서연이만 그렇게 느낀 건 아니었다. 루크와 헤스티 아도 혼쭐이 난 모양이었다. 다른 나라의 학생들에게 물어봐도 다들 비슷한 반응이었다. 학생들 사이에서는 여섯 문제 중 한두 문제만 제대로 풀어도 꽤 좋은 성적을 받을 거라는 말이 퍼졌다. 서연이는 창밖의 하얀 눈 세상을 바라보며 오늘은 어제보다 문제를 잘 풀게 되기를 기도했다. 또한 다른 아이들도 이번 대회에서 모두 좋은 결과를 얻기를 마음속으로 빌었다.

오전 9시 정각에, 정확하기로 유명한 스위스 열차처럼 국제금융 올림피아드의 이튿날 시험이 시작되었다. 서연이는 전체 시험지를 훑지 않고 먼저 4번 문제부터 보았다. 오늘 풀어야 하는 세 문제 중 가장 쉽다고 얘기되는 문제였다. 하지만 서연이에게 4번 문제는 결코 쉽지 않았다. 자기가 아는 몇 가지를 답안지에 끼적이긴 했지만 스스로의 생각에도 정답과 가깝다고는 생각되지 않았다. 더 이상 쓸 말을 찾지 못한 서연이는 4번 문제에 답 쓰기를 그만뒀다.

그다음으로 본 5번 문제는 한마디로 점입가경이었다. 들어본 적 없는 용어가 여럿 나오는 바람에 뭘 묻는 건지조차 잘 이해되지 않았다. 서연이는 5번 문제의 답안지를 거의 백지로 남겨 둘 수밖에 없었다. 오늘은 어제보다 잘 풀게 해 달라는 시험 전의 기도가 무색하기만 했다.

얼핏 보니 6번 문제는 문제만으로 시험지의 반 이상을 채우고 있었다. 서연이는 마음속으로 혼잣말을 했다.

'문제만 읽다가 시간 다 가겠는걸.'

맥이 풀리고 만 서연이는 지푸라기라도 잡는 심정으로 6번 문제를 읽기 시작했다. 6번 문제는 다음과 같았다.

'6. 엠마는 금융시장에서 전업으로 거래하는 투기자다. 직업이 투기라서 엠마는 거래할 때 자기가 가진 돈 전체를 걸고 거래를 한다. 다시 말해 엠마가 매번 거는 돈은 자신이 가진 금융자산 전체와 같다. 그러므로 엠마의 거래 방식은 매번 일정한 금액의 돈을 들여 로또를 사는 것과는 다르다.

엠마가 거래하는 자산은 바나나라는 이름으로 불린다. 바나나는 한 종류가 아니며 다양한 종류가 있다. 이러한 바나나들은 독특한 특징을 가지고 있다. 먼저 아무 때나 거래할 수 없고 공통적으로 적용되는 짧은 시간 동안만 거래가 가능하다. 또한 한번 거래를 하고 나면 일정한 시간이 지나야 다시 거래할 수 있다. 즉 바나나의 거래는 주기적으로 이루어진다.

거래 시간보다 더 독특한 바나나의 특징은 가격 변동이다. 바나나의 가격은 오르면 직전 가격의 3배가 되고 내리면 직전 가격의 3분의 1로 준다. 어느 바나나 종류가 가격이 오르고 또 어느 종류가 내릴

지를 미리 예측하기는 어렵다. 또한 여러 가지 제약이 있어서 한 사람이 모든 종류의 바나나를 동시에 거래할 수는 없다. 엠마를 포함해 투기자들이 할 수 있는 일은 여러 바나나 중 하나를 골라 돈을 거는 것뿐이다.

엠마는 자신의 거래 실력에 자부심을 가지고 있다. 그럴 만도 한 것이 엠마는 세 번을 찍으면 두 번을 맞힌다. 엠마가 우월감을 느낄 만한 또 다른 이유도 있다. 엠마와 같은 마을에 사는 에바는 가격이 오를 바나나를 찍는 실력이 엠마보다 못하다. 즉 에바는 세 번을 찍으면 겨우 한 번만 맞힌다. 엠마가 맞힐 때 에바는 맞히지 못한다.

엠마와 에바는 둘 다 처음에 1억 원의 돈을 가지고 있다. 엠마가 자신의 돈을 장기적인 관점에서 가장 크게 불릴 수 있는 방법을 설명하시오. 단, 돈을 외부에서 빌려 더 큰 금액으로 거래를 하는 이른바 레버리지는 허용되지 않는다.'

6번 문제는 이번 대회 문제들의 끝판왕이자 최종 보스답게 문제 길이도 제일 길었다. 서연이가 얼굴을 들어 슬쩍 주변을 돌아보니 대부분 아이들이 연필을 놓은 채 머리를 쥐어뜯고 있었다. 자기만 어려워하는 게 아니라는 사실에 위안을 받으며 서연이는 6번 문제를 다시 찬찬히 읽었다.

엠마가 돈을 불리는 건 언뜻 봐도 그렇게 어려운 일은 아닌 것 같았다. 서연이는 연습장에 계산을 해 가며 생각했다.

'엠마는 세 번 중 두 번은 오르는 바나나를 찍을 줄 안단 말이야. 그러면 당연히 세 번 중 남아 있는 한 번만 가격이 떨어지는 바나나를 고르겠지? 가령 첫 번째에 맞히고 두 번째에 틀리고 세 번째에 다시 맞힐 때를 생각해 볼까? 그럼 세 번 중 두 번을 맞춘 게 될 터니까.

처음에 거래를 시작할 때 가진 돈이 1억 원이니 첫 번째 거래가 끝나고 나면 바나나 가격이 3배로 올라 3억 원이 돼 있을 거야. 이제 그 3억 원으로 두 번째에 찍은 바나나를 사는 데 이번엔 틀려서 3억 원이 3분의 1로 줄어 다시 1억 원으로 줄어들겠지? 그렇지만 마지막 세 번째에 찍은 바나나는 다시 가격이 3배로 올라서 도로 3억 원이 되어 있겠네. 바나나 거래로 돈을 불리는 걸 엠마가 걱정할 필요는 없겠어. 방금 생각한 대로만 해도 돈은 세 번 거래할 때마다 3배로 불어날 거니까.'

서연이는 조금 전 검토에서 빠진 게 없는지 따져 볼 필요를 느꼈다. 서연이는 마치 자기가 추리 소설의 주인공인 셜록 홈스가 된 듯해 뿌듯했다.

'혹시 세 번 거래를 하는 동안 언제 틀리는지가 세 번 거래 후의 결과에 영향을 주면 어쩌지? 음, 예를 들어 못 맞히는 때가 첫 번째라면 어떻게 되나? 첫 번째 거래가 끝나면 처음의 1억 원은 3분의 1억 원으로 줄겠지? 하지만 두 번째 거래 후에는 도로 1억 원이 되고, 세 번째 거래 후에는 아까와 같은 3억 원이 되어 있을 거야. 그러니까 언제 못 맞히는 지가 최종 결과에 영향을 주지는 않네. 못 맞히는 게 마지막 세 번째일 때도 따져보지는 않겠지만 결과가 다를 이유는 없겠지?'

서연이가 지금까지 깨달은 건 그렇게 어려운 내용이 아니었다. 다른 학생들도 비슷하게 알아내기는 마찬가지였다. 대부분 학생들은 그 내용을 답안지에 적었다. 그것 말고는 달리 쓸 말이 없기도 했다.

물론 그 답은 완전히 만족스럽진 않았다. 6번 문제는 엠마가 장기적인 관점에서 돈을 '가장' 크게 불릴 수 있는 방법을 설명하라고 했지, 단순히 돈을 불릴 수 있는 방법을 설명하라고 한 건 아니었다. 게다가 그건 가장 어려운 문제여야 마땅할 6번 문제의 답이라고 보기에는 너무 단순했다.

일부 학생들은 6번 문제를 개방형 문제로 간주했다. 하나의 정답이 있다기보다는 푸는 사람의 관점과 지식에 따라 제각기 다른 답이 나올 수 있는 문제로 보는 거였다. 몇몇 학생은 문제에 나와 있지 않은 조건을 자기 마음대로 추가하기도 했다. 일례로, 네덜란드에서 온 한 학생은 바나나를 잘못 고르는 때를 예측해 그때는 아예 거래를 건너뛰는 방법을 제시했다. 엠마의 찍기 실패를 예측하는 데에 그가 사용한 변수는 여러 금융 및 경제 지표였다.

6번 문제를 다시 뜯어보던 서연이는 한 가지가 눈에 띄었다. 처음에는 대수롭지 않다고 여기고 무시한 사항이었다. 바로 에바에 대한 설명이었다.

애당초 엠마가 돈을 불리는 데 에바가 상관될 게 있을 리는 없었다. 적어도 서연이가 아는 한 틀림없이 그랬다. 그런데 문제 풀이가 단단한 벽에 부딪히다 보니 그 당연해 보이는 것도 새로운 시각에서 바라보지 않을 재간이 없었다.

알고 보면 16세기에 니콜라우스 코페르니쿠스가 '태양이 아니라 지구가 돈다면?' 하는 생각을 했던 것도 비슷한 이유에서였다. 2세기에 프톨레마이오스가 『알마게스트』를 쓴 이래로 지구가 우주의 중심에 위치한다는 생각은 당연하게 받아들여졌다. 즉 태양과 행성이 지구 주위를 돈다는 천동설은 진리의 지위를 천 년이 넘도록 누렸다.

그러나 거기에는 몇 가지 문제가 있었다. 하나는 일명 '행성의 역행 운동'이었다. 예를 들어, 화성 같은 행성이 보통 때는 동에서 서로 돌지만 또 어떤 때는 거꾸로 서에서 동으로 도는 현상이 관찰되곤 했다. 프톨레마이오스도 이러한 현상을 모르지는 않아서 이를 설명하기 위해 주전원이라는 걸 고안했다. 하지만 행성의 역행 운동을 설명하려면 너무나 복잡하게 주전원들을 그려야 했다.

또 다른 문제는 이른바 '수성과 금성 문제'였다. 수성과 금성은 화성이나 목성과는 달리 태양이 뜨기 직전과 태양이 진 직후에만 잠깐 관찰되는 행성이었다. 프톨레마이오스는 주전원을 가지고도 수성과 금성 문제를 만족스럽게 설명하지 못했다. 코페르니쿠스가 천 년 넘게 거역할 수 없는 진리였던 천동설을 뒤집어 볼 생각을 하게 된 데에는 이처럼 막다른 골목을 만났기 때문이었다.

에바가 엠마의 돈 불리기에 상관이 있을지도 모른다는 데 생각이 미치자 서연이는 6번 문제를 다시 꼼꼼히 읽어 보았다. 그러자 아까와는 달리 생각보다 에바에 대한 설명이 많다는 사실을 발견했다. 단지 엠마의 바나나 찍기 실력이 상대적으로 더 좋다는 걸 보여 주기 위해 등장했다고 보기에는 에바의 정보가 너무 많았다.

물론 다른 설명도 가능했다. 문제를 낸 사람이 학생들을 혼란에 빠트리기 위해 일부러 상관없는 내용을 넣지 말란 법은 없었다. 하지만 그러면 서연이가 할 수 있는 건 아무것도 남지 않았다. 서연이는 출제자가 심술부렸을 가능성은 여전히 남겨 둔 채로 다른 가능성을 찾으려 했다. 나오지 않아도 이상할 게 없는 에바의 종잣돈 1억 원이 문제에 언급되는 것도 뭔가 수상쩍었다.

사실 6번 문제와 비슷한 걸 어디선가 본 듯한 데자뷔, 즉 기시감이 서연이를 계속 간질였다. 서연이는 처음에는 뚜렷이 그걸 인식하지 못했다. 하지만 정신을 집중해 문제를 읽을수록 기시감은 점점 강해졌다. 그렇게 된 데에는 서연이가 지난 두 달간 한 가지 문제에 몰입해 있던 덕택이 컸다. 서연이는 자신을 간질이는 기시감이 어디서 왔는지 마침내 깨달았다.

그건 바로 시겔의 역설이었다.

결정적인 단서는 무심하게 나오는 '엠마가 맞힐 때 에바는 맞히지 못한다'는 6번 문제의 문장이었다. 즉 에바와 엠마의 관계는 서연이 아빠가 말해 준 홍길동과 토니 스타크의 관계와 꼭 같았다.

미국 달러-원 환율이 어떻게 변하든 길동이 이익을 보면 토니는 손해를 보고, 반대로 길동이 손해를 보면 토니는 이익을 봤다. 엠마가 맞힐 때 위 문장에 의하면 에바는 맞히지 못했다. 또한 엠마는 세 번 중 두 번을 맞히는데 그때 이미 에바는 두 번을 못 맞혔으므로 나머지 한 번은 맞혀야 했다. 그때는 엠마가 못 맞힐 때였다. 다시 말해 에바와 엠마는 길동과 토니의 쌍둥이었다.

6번 문제가 시겔의 역설과 다르지 않다는 걸 깨닫자, 서연이는 거기로 생각 에너지를 모았다. 아직 그 미스터리를 완전히 해결하지는 못했지만, 시겔의 역설은 서연이가 자나 깨나 곱씹던 거였다. 서연이는 시겔의 역설이 자신의 밖에 있는 생각의 대상에서 점점 자신과 하나로 융합된 자신의 일부가 되는 느낌을 받았다. 그건 몰아의 경지였다. 그 순간 서연이는 전율을 느꼈다.

시겔의 역설에 관한 아빠의 질문을 해결할 방법이 불현듯 떠올라서였다.

아빠가 설명했듯이 처음에 길동과 토니가 살 수 있는 사과는 각각 10개였다. 그러다 미국 달러-원 환율이 오르면 그 수는 16개와 6개로 변하고, 또 반대로 환율이 내리면 그 수는 5개와 20개로 변했

12장 ● 서로 돕고 함께 나누면 결국 파이가 더 커지기 마련이야

다. 이대로라면 길동과 토니가 동시에 이익을 볼 수는 없었다. 하지만 아빠도 지적한 것처럼 사과 개수의 합이 20개에서 늘어나는 건 환율 변동에 구애되지 않았다. 그렇다면 방법이 있었다. 경쟁하거나 혹은 소가 닭 보듯 하지 말고 서로가 서로를 도우면 되는 거였다.

보다 구체적으로, 환율이 올라 토니가 힘들면 길동이 토니에게 사과를 5개 주면 되었다. 그러면 토니는 이전보다 많은 11개의 사과를 누릴 수 있었다. 그러한 행위가 길동에게 지나친 희생을 요구하는 건 아니었다. 자신의 사과 5개를 토니에게 주긴 했지만, 여전히 자신도 이전보다 많은 11개의 사과를 먹을 수 있었다.

이게 일방적으로 길동의 희생만 강요한다고 볼 수는 없었다. 환율이 내려 길동이 힘들어지면 이번에는 토니가 길동에게 사과 7개 반을 주면 그만이었다. 토니에게 큰 손해 같지만 그러고도 여전히 아까보다 늘어난 12개 반의 사과가 남았다. 길동도 이전보다 더 많은 사과를 가지게 됨은 물론이었다. 즉 서로를 도우면 환율 변동을 둘 다에게 좋은 일로 만들 수 있었다.

아빠의 질문을 해결할 방법을 찾아내자, 서연이는 엠마와 에바에도 같은 방법을 쓸 수 있는지 헤아리기 시작했다. 핵심은 한쪽이 어려울 때 형편이 좋은 다른 쪽이 어려운 쪽을 돕는 데에 있었다. 달리 말하면 혼자만 잘살려 하지 말고 함께 나누며 사는 거였다.

서연이는 우선 첫 번째 거래에서 엠마가 잘 찍었다고 가정했다.

206

'엠마와 에바는 둘 다 원래 1억 원을 가지고 있었어. 첫 번째 거래를 하고 나면 엠마의 돈은 3억 원으로 늘어나고 에바의 돈은 3분의 1억 원으로 줄어들겠지? 엠마가 이익을 볼 때 에바는 손실을 보게 되어 있으니까.'

이제 관건은 엠마가 에바를 얼마나 도와야 하는지였다. 몇 가지를 따져 본 서연이는 일단 단순하게 만드는 게 좋겠다고 생각했다.

'음, 너무 복잡하게 생각하지 말고 엠마와 에바의 돈을 합친 후 다시 반으로 나눠 가지면 어떨까? 그러면 결과적으로 이익을 본 엠마가 손실을 본 에바를 돕는 셈이 되겠지?'

첫 번째 거래 후 갖게 된 엠마의 3억 원과 에바의 3분의 1억 원을 더하면 모두 3분의 10억 원이었다. 이걸 반으로 나누면 엠마와 에바는 각각 3분의 5억 원, 즉 약 1억 7천만 원씩 가지는 셈이었다.

엠마가 근시안이라면 조금 전 행위의 결과를 좋아할 리 만무했다. 손실을 본 에바를 돕지 않았다면 엠마의 돈은 처음의 3배인 3억 원으로 불어나 있었다. 그런데 돕자고 나서면서 3억 원보다 한참 적은 약 1억 7천만 원의 돈에 만족해야 한다는 얘기라서였다. 단기 성과를 우선시하는 기존 경제학의 가르침대로라면 이런 일을 해서는 안 되었다. 경제학은 남을 돕는 건 불합리한 일로 규정했다.

하지만 서연이는 이게 이야기의 끝이 아닌 걸 알았다. 이제 겨우 세 번 중 한 번을 했을 뿐이기 때문이었다. 남은 두 번을 마저 따져 보기 전까지는 모든 게 섣부른 결론일 뿐이었다. 서연이는 두 번째 거래에서 엠마가 아닌 에바가 바나나를 잘 찍었다고 가정해 보았다.

'이제 엠마와 에바는 둘 다 각각 3분의 5억 원으로 거래를 하는 거야. 바나나를 잘 찍은 에바의 돈은 3분의 5억 원의 3배인 5억 원이 되겠지? 반면 엠마의 돈은 3분의 5억 원의 3분의 1인 9분의 5억 원으로 채 6천만 원이 안 돼. 불운은 에바만 겪는 게 아니라 엠마도 겪을 수 있는 거야.'

서연이는 생각을 이어 나갔다.

'그래도 엠마가 낙심에 차 있을 필요는 없어. 왜냐하면 아까 자기가 에바를 도왔듯이 이번에는 에바가 자기를 도울 거니까. 아까 했던 것처럼 엠마와 에바의 돈을 합치면 약 5억 6천만 원이야. 그걸 반으로 나눠 가지면 엠마와 에바는 각각 2억 8천만 원 정도를 가지게 되겠네.'

서로 도울 때 두 번째 거래 후 엠마가 가지는 돈인 약 2억 8천만 원은 그러지 않았을 때 엠마가 가지게 될 1억 원보다 많았다. 그러나 이 또한 중간 결과일 뿐이었다. 서연이는 세 번째 거래의 결과를 빨리 확인해 보고 싶었다.

'세 번째 거래에선 엠마가 다시 돈을 3배로 불리고 에바는 3분의 1로 줄 거야. 엠마의 돈은 약 8억 3천만 원, 에바의 돈은 약 9천만 원이겠지. 이걸 다시 더해서 둘로 나누면 각기 약 4억 6천만 원을 가지

게 되겠네. 우아, 엠마의 돈이 서로 돕지 않을 때보다 더 많아졌어!'

희열에 가득 찬 서연이는 혹시 에바가 바나나를 잘 찍었을 때가 두 번째가 아닌 첫 번째나 세 번째 거래였을 때 결과가 달라지는지도 확인해 보았다. 짐작대로 세 번째 거래가 끝난 뒤에는 아무런 차이도 있지 않았다.

즉 장기적인 관점에서 보면 서로 돕는 게 자기 이익만 챙기는 것보다 훨씬 더 나은 방법이었다. 단기적으로는 손실을 보는 것 같아도 길게 보면 그렇지 않다는 거였다. 6번 문제가 물으려는 것도 이것임에 틀림이 없었다.

서연이는 행복한 마음으로 자신의 답안을 써 내려갔다.

하루 뒤, 새벽부터 깨서 초조한 마음으로 기다리던 서연이 엄마의 휴대전화가 울렸다. 서연이 엄마는 얼른 전화를 받았다.

"여보세요, 서연아!"

"엄마, 지금 거긴 아침이지?"

"응, 오전 8시. 어떻게 됐어?"

"나, 은메달 받았어."

"뭐? 은메달? 그럼 네가 전체에서 2등을 했다는 말이야?"

엄마의 흥분한 목소리가 서연이는 난처했다.

"아니, 나 말고도 은메달 받은 애들 많아. 한 열몇 명 되는 것 같았어."

"그런 게 어딨어? 희한하게도 한다. 서연이 너랑 같이 간 애들은 어떻게 됐어?"

"아, 루크하고 헤스티아? 헤스티아는 동메달이고 루크는 못 받았어. 이번에 22개 나라에서 100명 조금 넘게 참가했는데, 메달 받은 애들이 다 해서 한 50명 가까이 되는 것 같아."

서연이 엄마는 아무튼 속이 시원했다.

"애, 암튼 잘 끝나서 다행이다. 돌아오는 건 모레라고 했지?"

"응. 근데 엄마, 이번에 여기에 한국 애들도 왔어. 여섯 명인데, 은명여중 다니는 엄서진이라는 애가 은메달 받고, 지난 1학기 때 금융경시대회에서 1등 했던 명구중의 김윤재인가 하는 애가 동메달을 받았어. 그리고 왜 예성중에서 나랑 같이 대회 나갔던 애 있잖아, 송민준이라구. 개도 은메달."

말을 마친 서연이는 빨리 집으로 돌아가 아빠 엄마와 즐거운 성탄절을 보내기를 기대했다.

열다섯
글로벌
경제학교

대한민국 최상위 10대들을 위한 경제 교육 소설

열다섯 글로벌 경제학교

초판 1쇄 발행 2024년 3월 30일

지은이 권오상
펴낸이 민혜영
펴낸곳 데이스타
주소 서울시 마포구 월드컵북로 402, 906호
전화 02-303-5580 | **팩스** 02-2179-8768
홈페이지 www.cassiopeiabook.com | **전자우편** editor@cassiopeiabook.com
출판등록 2012년 12월 27일 제2014-000277호

ⓒ권오상, 2024
ISBN 979-11-6827-169-2 (43320)